광명시의 모든 권력은
시민으로부터 나온다

시민과 함께하면
실패하지 않는다

제1판 1쇄 발행 2026년 2월 5일

저자	박승원
펴낸이	김덕문
편집	손미정
교정	김정성
디자인	놈normmm
영업	이종률
제작	정우미디어

펴낸곳	더봄
등록일	2015년 4월 20일
주소	서울시 마포구어울마당로 130 기린빌딩 3105호
대표전화	02-975-8007 ‖ **팩스** 02-975-8006
전자우편	thebom21@naver.com
블로그	blog.naver.com/thebom21

ISBN 979-11-92386-49-2 03340

시민과 함께하면
실패하지 않는다

박승원 지음

더봄

| 목차 |

누가 내게 이 길을 가라
말한 적은 없다

어느 날, 순간적으로 나의 운명을 직감했다.

'아, 이게 내 길이구나.'

다른 선택지가 사라진 게 아니라, 이 길만이 나를 살게 하겠다는 확신이 조용히 눌러앉았다. 그 뒤로 나는 지금까지 이 길 위에 서 있다.

나는 여러 번 넘어졌다. 경선에서도, 본선에서도. 패배는 늘 한 장의 종이처럼 가벼워 보이는데, 막상 손에 쥐면 돌덩이처럼 무거웠다. 그래서 수없이 포기하려 했다. 포기하려 했고, 실제로 포기했다고도 생각했다. 그런데 이상하게도, 다시 결심하게 되는 날이 왔다. 돌아오지 않으려 했건만, 되돌아오는 마음이 먼저 길을 찾아갔다.

그게 신의 뜻이었는지, 내가 살아가기 위한 마지막 논리였는지, 나는 아직도 잘 모르겠다. 다만 분명한 것은 그렇게 걸어온 시간이 어느새 20년을 훌쩍 넘었다는 사실이다.

나는 그 결심 이전부터—여기 광명이라는 삶의 현장에서—지역운동을 했고, 시민운동을 했고, 교육운동을 했다. 사람의 얼굴과 골목의 사정, 학교의 숨결과 동네의 절박함을 가까이서 배우며 살아왔다. 그 시간을 합하면 내 삶은 '광명 사랑' 그 자체라고 해도 지나치지 않는다.

처음 이 길에 들어설 때도 나는 '새로운 마음'으로 시작했다. 새 세상을 만난다는 생각은 늘 설렘만 주지 않았다. 두려움이 마음 한편에 붙어 있었다. 그런데 그 두려움이 나를 조금씩 자라게 하더니, 여기까지 데려왔다. 이제는 두려움보다 책임감이 더 커졌다.

어깨 위엔 무게가 있다. 짊어진 짐이 가득하다. 내려놓고 싶은 밤도 적지 않았다. 그럴 때마다 문득 떠오르는 단어가 있다.

'운명.'

노무현 대통령이 말했던, 그 단어.

산다는 건 처음을 만들어 가는 일이고, 끝없이 거듭 시작하는 일이다. 신영복 선생의 말처럼 삶은 끊임없는 도전이다. 도전의 크기만큼 우리는 다른 세상을 만나게 된다. 그러니 실패와 성공은 서로 등을 돌린 동전의 양면이 아니다. 둘이 같이 있을 때 하나가 된다.

이재명 대통령이 했던 말처럼, 중요한 건 도전하는 과정이다. 사람을 만나면 정책이 되고, 정책이 예산을 만나면 실행이 되고, 그 실행들이 쌓여 결국 세상을 조금씩 바꾼다.

나는 어느 순간 깨닫는다. 내가 하는 일이 단지 내 삶을, 내 인생 하나를 잘 살리기 위한 일이 아니라는 것을. 나의 말 한마디, 나의 행동 하나하나가 광명시민의 일상에 생각보다 큰 파문을 남긴다는 것을.

내 삶은 이미 개인의 울타리를 넘어섰다. 함께 가는 이 길은 여전히 새롭다. 익숙한 것은 익숙한 대로, 새로운 것은 새로운 대로 또렷하게 다가온다. 이 길이 신비롭고도 창조의 길인 이유는 분명하다. 여기에 사람이 있고, 사람의 생각이 있기 때문이다. 그래서 나는 더 가보려 한다.

이 길의 끝이 어디인지 나는 모른다. 하지만 사람들과 동행하는 길이고, 모두의 행복을 꿈꾸는 길이라면—그래서 누군가의 오늘을 조금이라도 덜 아프게 할 수 있다면—나는 더더욱 이 길을 가고 싶다.

'산다는 것은 끊임없는 처음을 만들어 가는 시작'이라는 신영복 선생의 말을, 오늘도 가슴에 다시 묻는다.

2026년 새 아침
광명시장 박승원

도시는
시민의 참여로 자란다

도시는 넓어지거나 높아진다고 자라지 않는다.유리와 콘크리트가 하늘을 밀어 올려도, '그 도시의 주인이 누구인가'라는 질문은 그대로 남는다. 도시가 자라는 순간은 따로 있다. 한 사람의 책상 위에 놓인 결정이, 여러 사람의 삶터로 옮겨갈 때 도시는 비로소 뿌리를 내리고 잎이 난다.

시장실의 정적은 평화롭다. 정교하게 작성된 문서와 매끄러운 결재선은 도시를 완벽한 질서 속에 둔다. 그러나 문을 열고 나서는 순간, 그 정적은 깨진다. "죄송한데요……"라고 시작되는 낮은 목소리, 그 끝에 매달린 묵직한 한숨.

민원이라는 이름으로 전달되는 종이는 얇지만, 그 무게는 결코 가볍지 않다. 그것은 한 사람의 고통받는 얼굴이고, 견뎌온 삶의 무게다. 얇은 종이가 손끝에 닿을 때, 나는 단순히 서류를 검토하는 것이 아니라 그 사람이 꾹 눌러두고 살아온 시간의 두께를 만진다.

행정의 진짜 자리는 바로 그 얇은 종이와 두꺼운 생 사이의 접점에 있었다. 그래서 행정은 민원처리로만 존재할 수 없다는 걸 알게 됐다.행정은 누군가의 절박함을 외면하지 않는 기술이어야 한다. 누군가의 사소한 불편이 사실은 하루의 생존일 때, 그 불편을 "그럴 수도 있지"로 넘기지 않고, 예산과 조례의 언어로 바꾸어 나가는 일. 그것이 지방정부가 할 수 있는 가장 구체적인 책임이고, 가장 인간적인 의무다.

내가 스스로에게 던진 질문은 늘 단순했다. 도망치기 어려울 만큼 단순해서, 결국 매번 돌아오게 되는 질문이었다.

"이 결정은 누구를 위한 것인가."

내 자리 정면, '함께하는 시민, 웃는 광명'이라는 글귀가 언제나 나를 응시한다. '혁신·성장·상생'이라는 민선 8기의 가치를 굳이 눈앞에 박아둔 이유는, 그것이 내게 깃발이 아닌 못이기 때문이다.

바람에 흔들리는 깃발은 방향을 가리킬 뿐이지만, 벽에 박힌 못은 나를 그 자리에 머물게 하고 버티게 한다. 마음이 편한 쪽으로 기울어지려 할 때마다 나를 붙들어 주는 이 못들이 있었기에 예산은 더 낮은 곳으로 흐를 수 있었고, 조례는 시민의 언어로 다시 쓰였다. 이 견고하게 자리한 못들이 모여 마침내 시민이 주인으로 우뚝 서는 공론의 장을 넓혀가고 있다.

나는 또 한편으로 어느 순간부터 도시를 하나의 거대한 도서관처럼 느끼기 시작했다.도서관은 겉으로는 조용하다. 하지만 고요 속에서 수많은 삶이 움직인다. 서가 사이를 걷는 발소리, 의자를 끄는 소리, 책장을 넘기는 소리. 오래된 책에서 일어나는 먼지의 냄새. 누군가가 밑줄을 긋고, 누군가가 페이지 모서리를 접고, 누군가가 조심스럽게 책을 덮는 그 순간들.

도시도 그렇다. 겉보기엔 멀쩡히 굴러가는데, 그 속에서는 누군가는 숨을 참고, 누군가는 길을 잃고, 누군가는 자기 자리를 찾느라 오래 헤맨다.

어떤 도서관은 사서가 모든 책의 위치를 정한다. 분류표는 단정하고, 동선은 효율적이고, 안내판은 친절하다. 대신 독자는 '고르는 사람'이라기보다 '따르는 사람'이 된다. 필요한 책이 있어도 어디에 있는지 모르면, 그 책은 없는 것과 같다. 눈에 잘 띄는 서가에 놓인 책만 세상이 된다. 뒤쪽 구석의 낮은 서가에 꽂힌 책들은, 그저 조용히 먼지를 뒤집어쓴다.나는 광명의 행정이 오랫동안 그런 방식으로 작동해 왔다는 걸 부정하지 않는다. 효율은 있었지만, 그 효율이 항상 삶의 편은 아니었다. 질서가 곧 정의는 아니었다.

내가 바란 변화는 시민이 직접 책을 꺼내 읽을 수 있도록 분류표를 관리자의 권한으로 두지 않고, 시민의 손으로 고치게 하는 과정이었다. 이 책이 왜 여기 있어야 하는지 묻고, 어떤 책이 더 앞줄로 와야 하는지 토론하고, 새로운 서가를 만들고, 때로는 아직 없던 책을 아예 써서 꽂아두는 과정이 중요하다고 보았다.

나는 그 손들을 기억한다. 조심스럽지만 단단한 손. 회의실의 공기가 묵직해질 때도 끝까지 말을 놓지 않던 손. "이건 우리 삶에서는 이렇게 보인다"고 정책의 우선순위를 다시 그어보던 손. 그 손이 움직일 때마다 광명의 지도는 조금씩 바뀌었다.

행정의 역할도 그때부터 달라져야 했다.행정은 모든 답을 가진 관리자가 아니라, 시민이 써낸 목록을 정확히 옮겨 적는 편집자가 되어야 했다. 시민이 발견한 책들을 제자리에 놓고, 더 많은 사람이 찾을 수 있도록 안내판을 바꾸고, 너무 높은 서가를 낮추고, 너무 먼 동선을 줄이고, 읽기 어려운 글씨를 다시 쓰는 일.

결국 '시민주권'이란 거창한 선언이 아니라, 행정의 중심이 실제로 움직이는 일이다. 이 땅의 주권자인 누군가의 삶을 '구석'에서 '중심'으로 옮겨오는 일이다.

나는 이 책에서 과거의 성과를 가지런히 진열한 전시장을 보여드리려 하지 않겠다. 오히려 '시민주권'이라는 것이 실제로 작동하기 위해 어떤 조건들이 필요했고, 그 조건들이 어떻게 맞물려 돌아갔는지를 보여주는 운영의 기록을 시민 여러분과 공유하려 한다. 도시는 선언으로 변하지 않는다. 도시는 일상의 실천으로 변한다.

과거의 관행에 머물지 않고 새로운 정책과 공공 서비스를 추진하는 동력으로 '혁신', 세대와 시대를 아우르며 지속가능한 미래 100년의 토대를 다지는 '성장', 주권자인 시민과 협력을 통해 공동체와 공공성을 회복해나가는 '상생'이라는 3대 시정철학 실천의 누적이 우리가 살아가는 도시, 광명을 바꾼다.

그동안 걸어온 길은 결국 하나의 방향을 향한다. 시민이 주인인 도시로 가는 방향. 나는 그 방향을 다음 일곱 갈래의 길로 정리해 두었다.

1. **시민주권:** 시민이 주인이 되는 주권도시
2. **평생학습:** 학습을 통해 새로운 세상을 만나는 평생학습도시
3. **탄소중립:** 지속가능사회를 준비하는 탄소중립도시
4. **자원순환:** 모든 것이 재생되는 자원순환도시
5. **사회연대경제:** 모두를 위한 경제를 지향하는 사회연대경제도시
6. **정원도시:** 삶의 여유를 주는 정원도시
7. **기본사회:** 모든 시민이 기본적 삶을 누리는 기본사회도시

나는 광명이 바꿔졌다면, 시민의 참여가 가장 큰 동력이라고 믿는다.

시민이 참여할수록 행정은 정확해졌다. 누구의 목소리를 먼저 들어야 하는지, 무엇을 우선해야 하는지, 무엇을 끝내 하지 말아야 하는지, 그 경계가 선명하게 구획되었다. 그렇게 광명은 누군가의 설계도가 아니라 '모두의 손글씨'가 되어 갔다. 도서관을 아름답게 만드는 장면은 새로 들어온 책의 미려함도 있지만, 여러 손을 거치며 생긴 작은 구김과 밑줄과 메모에서 발견된다. 도시도 그렇다. 반듯하지 않아도 좋다. 때로 삐뚤고, 때로 굵고, 때로 연필 자국처럼 희미해도 좋다. 중요한 건 누가 썼느냐이다. 그 손글씨는 시민의 것이고, 도시는 그 글씨를 지우지 않고 품는 방향으로 움직여야 한다.

광명이라는 도시의 완성은 현재진행형이다. 여기서 중요한 것은 무엇을 세우느냐가 아니라 어디로 흐르게 하느냐이다. 우리는 단순한 구조물이 아니라, 시민의 삶이 막힘없이 소통할 수 있는 도시의 통로를 설계하고 있다.

이 도시에 새로 낸 일곱 갈래의 길은 광명이 펼쳐 보일 새로운 이야기의 서문이며, 우리가 도달해야 할 목적지를 가리키는 나침반이다. 정책의 방향이 수정되면 시민이 일상에서 체감하는 삶의 가치도 달라질 수밖에 없다. 더 나은 방향을 향해 길을 내는 일, 그것이 시민의 걸음마다 행복의 리듬을 불어넣는 행정의 본질이다.

그 길은 한 번에 생기지 않는다. 작은 합의가 쌓이고, 서툰 문장이 제도가 되고, 제도가 다시 삶의 습관이 되는 시간 속에서 생긴다. 이제부터 그 시간의 결을 따라가 보려 한다. 첫 장은 결국 가장 단순한 질문에서 시작한다. 시민의 참여가 어떻게 시민주권이라는 제도로 정착될 수 있는가이다.

광명시장
박승원
아주 소중한
시장님 흩
시민의

제1장
시민주권

―

시민이
주인 되는 도시

자치분권은 도시라는 거대한 배의 노를 젓는 권한을 선장 한 명에게서 배에 탄 모든 승객에게 나누어 주는 것과 같다. 승객들이 직접 목적지를 토론하고 노를 저을 때, 배는 비로소 모두가 원하는 방향으로 나아가게 된다. 이 장은 그 노를 어떻게 나누고, 함께 젓는 법을 어떻게 익혔는지에 대한 기록이다.

헌법의 문장을
도시의 언어로 쓰다

많은 이가 민주주의를 투표라는 한 번의 사건으로 오해하곤 한다. 하지만 내게 민주주의는 일상의 호흡이어야 했다. 박수 소리가 사라지고 나서도 '자리가 남아 있는가'—아니, 정확히 말하면 다시 채워질 빈 의자가 마련되어 있는가가 민주주의의 시작을 가른다. 선거는 주권을 확인하는 의식이고, 시정은 그 주권이 매일 재확인되는 기술이다.

나는 2018년 민선 7기로 취임하며 "광명시의 모든 주권은 시민에게 있고, 모든 권력은 시민으로부터 나온다"고 선언했다. 헌법 제1조를 시청 현관의 표어로만 걸어두겠다는 뜻이 아니었다. 그 문장을 '도시의 실무'로 번역하겠다는 약속이었다.

헌법은 글자만으로는 너무 크다. 도시로 내려오면 반드시 작아져야 한다. 작아진다는 건 격을 낮춘다는 뜻이 아니라, 손에 잡히게 만든다는 뜻이다. 주권이라는 단어가 주민등록등본만큼 구체적이어야 했다. 나는 그때부터 생각을 바꿨다. 시민을 민원을 넣는 사람으로 보지 않고, 정책을 소유하는 사람으로 보기로.

행정은 늘 시민을 수혜자로 놓고 설계되는 버릇이 있다. 지원 대상, 혜택 대상, 안내 대상. 그러니 시민은 어느새 받는 위치에 고정된다. 하지만 주권은 받는 게 아니라 가지고 있는 것이다. 그래서 자치분권은 단순히 중앙정부 권한을 가져오는 절차에 머물지 않고 도시 내부에서 시민의 위치를 바꾸는 일, 말하자면 운영체제os를 갈아 끼우는 일이었다.

운영체제를 바꾼다는 건 겉모습이나 외관을 바꾸는 일에 국한하지 않는다. 절차와 실체가 바뀌는 일이다. 누가 읽을 수 있는가, 누가 쓸 수 있는가, 누가 실행할 수 있는가. 민주주의의 진짜 문제는 의견을 말할 수 있는지를 포함하여 결정을 실행할 수 있는 자격의 여부다. 말할 자유만 있고 결정권이 없으면, 참여는 결국 행사로 끝난다.

나는 '참여'라는 단어를 조심스럽게 사용하고자 했다. 참여가 시민의 손을 바쁘게 만들고, 정작 결정은 다른 곳에서 내려오면, 그건 참여가 아니라 동원이다. 내가 원한 건 동원이 아니라 위임, 정확히는 권한의 분산이었다. 시민이 정책의 소유자라면, 정책은 시민에게서 시작해 시민에게로 돌아가야 한다. 그 사이에 행정은 대신 결정하는 주체가 아니라 결정이 가능하도록 판을 까는 기술자가 되어야 한다.

그 번역 작업은 사소한 데서 시작한다. 회의실 책상 배치부터 바뀐다. 일렬로 앉아 보고받는 방식은 위계를 생산한다. 하지만, 원탁은 다르다. 원탁은 결론을 보장하지 않지만, 권력의 방향을 바꾼다. 누가 머리인지가 사라지고, 말이 서로에게 부딪히면서 굴러간다. 헌법의 문장이 도시에서 살아 움직이려면, 저절로 서열을 만들던 구조들을 계속 풀어헤쳐야 한다. 문서를 공개하는 방식, 예산을 편성하는 방식, 위원회를 운영하는 방식, 교육을 설계하는 방식까지—전부 권력의 장치다. 시민주권은 감동을 주는 선언이 아니라, 그런 장치를 하나하나 시민 쪽으로 기울이는 누적의 결과다.

나는 자치분권을 '행정의 실천이 담보된 과정'으로 이해한다. '시민이 주인'이라는 말은 누구나 할 수 있다. 하지만 주인의 자리는 말로 생기지 않는다. 주인은 결정의 책임을 지는 자리다. 그래서 시민주권은 늘 불편함을 동반한다. 시민을 중심에 세우면 의사결정이 느려지고, 이해관계가 충돌하고, 결론은 깔끔하지 않다. 하지만 그 지연과 충돌이야말로 민주주의의 비용이자 품질이다. 빠른 결정이 반드시 좋은 결정은 아니다. 특히 도시의 정책은 한 번의 결정을 몇 년, 몇 십 년 동안 시민이 떠안는다. 그 비용을 시민이 치를 거라면, 결정 과정에도 시민이 들어와야 공정하다.

광명의 자치분권은 그래서 참여의 양도 늘려야 하지만, 권력의 질을 바꾸는 변화 과정이어야 했다. 교육을 받는 시민이 늘고, 주민총회가 열리고, 참여예산이 확대되는 지표들은 사실 결과일 뿐이다. 중요한 건 그다음 변화다. 시민은 더 이상 행정의 외부인이 아니라, 행정의 내부로 들어오는 사람들이다. 동네의 의제가 요청이 아니라 안건으로 올라오는 순간, 도시의 언어가 바뀐다. 그때부터 공무원의 문장도 달라진다. "검토하겠다"가 아니라 "어떤 기준으로 결정할까"로. "가능하다/불가능하다"가 아니라 "누가 판단할 권한을 가질까"로.

나는 그 과정에서 한 가지를 더 확신하게 됐다. 자치분권은 제도 이전에 학습이라는 것을.

시민이 결정하려면, 시민에게는 학습의 시간이 필요하다. 공무원이 함께 결정하려면, 공무원에게도 학습의 시간이 필요하다. 예산은 문서 위의 숫자이지만, 예산을 둘러싼 갈등은 삶이다. 삶을 조정하는 능력은 저절로 생기지 않는다. 그래서 나는 도시를 "민주시민을 만드는 학교"로 보고 싶었다. 선거가 교과서라면, 시정은 실습이다. 시민주권은, 결국 도시 전체를 하나의 거대한 학습장으로 바꾸는 일이다. 이게 내 자치분권의 출발점이었다.

마지막으로, 헌법 제1조를 도시의 언어로 쓴다는 건 이런 뜻이다.주권을 '기념'하지 않고 '작동'시키는 것. 시민을 '대상'으로 두지 않고 '주체'로 세우는 것. 그리고 무엇보다, 행정의 목표를 '성과'가 아니라 '주권의 지속 가능성'에 두는 것.

도시는 건물이 아니라 권력의 주소가 바뀔 때 자란다. 그 주소를 시장의 책상에서 시민의 삶터로 옮기는 일—나는 그 일을, 헌법의 한 문장을 매일 다시 쓰는 일이라고 믿어 왔다.

원탁에서 피어나는
직접민주주의

민주주의가 제도라면, '숙의'熟議는 그 제도를 사람의 말과 마음으로 작동시키는 기술이다. 투표는 '예/아니오'로 세상을 나눈다. 하지만 도시의 문제는 대부분 둘 중 하나로 떨어지지 않는다. 아이를 키우는 동네의 통학로, 어르신이 오가는 경사로, 청년이 머무를 일자리와 주거, 비 오는 날의 배수와 침수, 쓰레기 처리와 환경, 개발과 보존. 이런 문제들은 늘 사이의 문제다. 그래서 광명은 결정의 순간만이 아니라, 결정에 이르는 과정을 시민의 것으로 만들기 위해 숙의의 장치를 세웠다.

우리가 가동한 장치는 세 가지였다. 서로 다른 결로 움직이지만, 한 가지 목표를 공유한다. 의제가 시민에게서 시작되어, 토론을 거쳐, 예산과 집행으로 이어지고, 다시 시민에게 돌아오는 순환. 다시 말해, 시민이 '말하는 사람'에서 '결정하는 사람'으로 이동하는 구조를 만드는 일이다.

행사가 아니라 정책이 태어나는 500인 원탁회의

처음 원탁토론회를 했던 날을 아직도 또렷하게 기억한다. 시민체육관 넓은 공간에 둥근 테이블들이 규칙적으로 놓이고, 테이블마다 번호표가 붙는다. 안내데스크 앞엔 이름표를 받으려는 사람들이 줄을 선다. 누군가는 아이 손을 잡고 왔고, 누군가는 일하다 말고 작업복 차림으로 들어온다. 말투도, 걸음도, 표정도 다르다. 하지만 자리에 앉는 순간 한 가지가 공통으로 생긴다. '내가 여기서 말해도 되나' 하는 작은 망설임.

그 망설임을 넘기기 위해 필요한 건 거창한 구호가 아니라, 아주 사소한 장치들이다. 테이블 위에 놓인 메모지와 펜, 주제 카드, 발언 순서를 지켜 주는 타이머, 그리고 "서로의 말을 끊지 말자" 같은 짧은 규칙. 과정조력자퍼실리테이터가 한 번 웃으며 말한다.

"오늘은 정답을 찾는 날이 아니라, 질문을 정확히 만드는 날입니다."

그 한 문장에 공기가 바뀐다. 사람들이 어깨를 조금 내리고, 고개를 끄덕이며, 종이가 바스락거린다. 그때부터 원탁은 행사장에서 도시의 작은 작업대가 된다. 더 정확히 말하면, 크기 때문에 행사로 보이기 쉬운 것을 정책 생산의 통로로 고쳐 쓴 실험이었다. 원탁이라는 형식은 보여주기 위한 연출이 아니었다.

원탁의 분위기는 늘 조금 뜨겁고, 조금 서늘하다. 뜨거운 이유는 각자 살아온 시간이 테이블 위로 한꺼번에 쏟아져 나오기 때문이고, 서늘한 이유는 그 시간이 다른 사람의 질문 앞에서 곧장 검증되거나 의심받을 수도 있기 때문이다. 그래서 우리는 '감정'을 밀어내지 않되, '사실'과 뒤엉키지 않게 따로 적는 원칙을 세우고, 그 원칙을 절차로 굳혔다. 누군가 "불편하다"고 말하면, 옆 사람은 "언제, 어떤 일 때문에?"라고 되묻는다. 그러면

2024년 제7회 광명시민 50
사람이 모여
마을이 되고
음을 더하면
광명이 빛난다 "
2024 광명자치대학
마을공동체학과
2024 광명자치대학
마을공동체학과

한 사람의 느낌이 우리 모두가 함께 확인할 문제로 바뀐다. 일렬로 앉으면 주도권은 앞쪽으로 흐른다. 원탁으로 앉으면 주도권은 말이 오가는 방향으로, 질문이 돌아가는 속도로 흘러간다. 누가 먼저 말하느냐, 누가 마지막에 정리하느냐가 아니라, 누가 끝까지 듣고, 누가 정확히 묻고, 누가 근거를 꺼내 놓는가가 더 중요해진다.

우리는 좋은 토론은 저절로 생기지 않는다는 걸 알고 있었다.

토론이 깊어질수록 소리는 작아진다. 처음엔 목소리가 크고 빠르다. 시간이 지나면 사람들이 종이에 쓰는 소리가 들린다. 펜 끝이 종이를 긁는 소리, 누군가 물컵을 내려놓는 소리, 고개를 끄덕이는 소리. 그때부터는 주장보다 근거가, 속도보다 맥락이 힘을 얻는다. 이 변화가 숙의의 핵심이다. 다수결은 손을 들게 하지만, 숙의는 생각을 들게 한다. 그래서 원탁토론회는 처음부터 숙의의 규칙을 갖고 출발했다. 발언 시간을 나누고, 한 사람의 독점을 막고, 다른 경험이 들어올 자리를 만들고, 감정과 사실을 구분해 적어 놓고, 서로의 말이 흩어지지 않도록 쟁점을 묶는다. 과정조력자는 사회자가 아니라 대화의 안전장치였다. 말이 센 사람이 아니라, 말이 잘 안 나오는 사람의 문장도 테이블 위로 끌어 올리는 역할.

원탁의 핵심은 '말의 양'이 아니라 '결정의 질'이다. 토론이 끝난 뒤 우리는 "좋았다"로 끝내지 않았다. 종이 위의 문장을 정책으로 바꾸어 갔다. 의제를 정리하고, 대안을 분류하고, 실행 주체를 붙이고, 예산과 일정의 빈칸에 채워 넣었다. 그래서 2025년 제8회 토론회까지 5,400명 넘는 시민이 참여한 결과는 통계가 아니라 시민주권이 작동한 결과물이다.

나는 가끔 토론이 끝난 뒤, 빈 테이블을 한 바퀴 돌며 남은 종이들을 본다. 구겨진 메모지, 급히 적힌 화살표, '이건 꼭'이라고 동그라미 친 문장들.

사람들은 돌아가지만 그 흔적은 남는다. 그 흔적이 행정의 언어로 번역되는 순간, 시민의 말은 '의견'이 아니라 정책의 첫 문장이 된다. 그리고 그 첫 문장이 예산서의 숫자, 집행계획의 일정표, 현장의 안내판으로 이동할 때, 원탁은 비로소 다음 원탁을 준비한다. 지금까지 641건의 제안이 시정에 반영되었다는 것은, 숙의가 감동으로 끝나지 않고 예산과 집행으로 연결되는 통로를 만들었다는 뜻이다.

원탁토론회는 시민이 구성한 운영위원회나 시민이 서명한 연서를 통해 의제를 정하고, 사람을 섞어 앉히고, 규칙을 깔고, 경험을 정책언어로 바꾸고, 투표로 선택하여 압축하고, 다시 행정의 실행계획으로 해석하는 과정이다. 의제는 사전에 닦여 들어오고, 현장에서는 과정조력자가 말의 질서를 지키며, 마지막엔 다수의 결정으로 남는다. 그리고 그 결정은 다시 예산과 계획으로 환원된다.

2024년 기준으로, 2018년부터 500인 원탁토론의 누적 4,985명 참여를 통해 의견 1,593건 제시, 그중 2022년까지 641건을 정책에 반영했으며 215억 7,000만 원 규모의 예산을 들여 사업으로 추진했다. 2025년 9월에 있었던 토론회에서는 1부에서 시민이 직접 제안한 주민참여예산 사업 30개를 놓고 테이블 토론과 투표로 우선순위를 정했으며, 의회 심의를 거쳐 2026년 예산에 반영되면 그 결정대로 추진할 예정이다. 같은 토론회 2부에서는 '기본사회' 같은 큰 주제를 놓고 정책 아이디어 45건을 도출하기도 했다.

원탁은 시민에게도, 행정에게도 부담을 준다. 시민에게는 "내 말이 책임이 된다"는 부담을, 행정에게는 "내가 결정하던 것을 내려놓아야 한다"는 부담을. 하지만 그 부담이 바로 민주주의의 과정이다. 갈등이 생기고, 의견이 갈라지고, 결론이 매끈하지 않을 때, 오히려 우리는 도시가 살아 있다는 증거를 확인한다.

동네의 문제를 동네가 결정하는 주민자치

① 주민자치회

원탁토론회가 도시 전체의 호흡을 가다듬는 거대한 공론장이라면, 주민자치회는 동네의 일상 속에 뿌리내린 작은 의회다. 여기서는 거창한 시대 담론이 아니라 내 집 앞의 구체적인 문제들이 논의되는 공간이 된다.

2019년 11월, 광명5동과 7동에서 먼저 기존의 자문기구 역할을 했던 주민자치위원회를 주민자치회로 전환하는 시도를 했다. 시범 동을 운영한 이유는 단순했다. 제도는 서류 위에서 완벽해 보일지 모르지만, 현장에 내려오면 매 순간 부딪히고 깨진다. 우리는 "이 시스템이 실제로 주민의 삶 속에서 작동하는가"를 확인하고 싶었다. 위원을 어떻게 뽑을지, 무엇을 어떻게 배우게 할지, 주민총회의 질서를 어떤 언어로 세울지, 갈등이 생겼을 때 누가 어떻게 조정할지까지—하나하나 손으로 만져보고 다시 고치며 전환의 표정을 만들어갔다.

주민 누구나 참여해 마을의 일을 의논하고 결정하는 주민총회가 실제로 서는 것, 파편화된 민원을 넘어 동네의 미래를 그리는 자치계획이 만들어지는 것, 그리고 그 계획이 주민참여예산과 마을 사업을 통해 실행 궤도 위에 올라서는 것. 주민자치회는 이 세 가지가 서로 맞물려 돌아갈 때만 마을을 시민이 직접 경영하는 민주주의 운영기구가 될 수 있다.

2020년 주민자치회를 전체 동으로 확대할 것을 결정했을 때, 내 관심은 운영 방식에 있었다. 동마다 수십 명의 위원을 공개 모집하고, 필수 교육

'찾아가는 시민과의 대화
퇴근길에 만나요!
광명시장과 함께하는 우리동네 이야기
광명시장
박승원

2·25
철산4동 주민과 함께하는 박승원 시장과의 대화

을 이수하게 하고, 공정한 선정 과정을 거치는 일은 번거롭고 느린 과정이었다. 그러나 민주주의는 본래 느려야 한다. 속도에만 매몰되면 목소리 큰 이들만 남고, 정작 조용한 이웃의 목소리는 떨어져 나가기 마련이다. '누구나 참여할 수 있는 길'을 열기 위해 문턱은 낮추되, 숙의를 위한 기준은 분명히 세웠다. 주민자치회는 프로그램을 운영하는 관리자가 아니라, 자치계획을 세우고 주민총회로 결정하는 '주권의 대리인'이기 때문이다.

어두운 골목의 안전, 작은 공원의 그늘막, 마을 축제의 색깔, 돌봄의 빈틈, 청소년과 어르신의 이동권 같은 의제들은 시청의 높은 책상 위에선 잘 보이지 않는다. 그러나 매일 그 길을 걷고, 그 불편을 몸으로 겪으며 무엇이 우리 마을에 가장 필요한지를 가장 먼저 느끼는 주민은 알고 있다. 따라서 주민자치회는 '의견을 내는 자리'가 아니라 '삶의 필요가 의제로 바뀌는 자리'가 되어야 했다.

나는 주민자치회의 역할을 마을의 의제를 발굴하며, 우선순위를 정하고, 실행과 평가까지 이어지는 전 과정에서 실제로 권한을 행사하도록 설계했다. 권한을 옮긴다는 말이 관념으로 끝나지 않으려면, 주민이 결정의 무게를 직접 들어봐야 한다. 그 무게는 결국 예산과 일정, 책임의 형태로 구체화된 결과물이 된다.

주민참여예산이 숙의 민주주의에 '현실'이라는 핏기를 돌게 하는 동력인 이유다. 주민세를 어디에 먼저 쓸지 고민하는 순간, 민주주의는 더 이상 멋진 말이 아니라 '선택에 따른 책임'으로 다가온다.

나는 그 책임을 행정이 독점하게 두고 싶지 않았다. 시민의 아이디어가 마을의 계획이 되고, 주민총회라는 민주적 용광로에서 여러 번 달아오르며 다듬어지고, 끝내 마을 사업으로 결실을 맺는 흐름을 만들고 싶었다.

말이 문서에 머무르지 않고, 문서가 예산이 되며, 예산이 마침내 골목과 공원과 통학로에서 사람의 하루로 돌아오는 길. 주민자치회 전환은 그 길을 열어놓는 일이었다.

2018년 '자치분권 주민참여예산 반영'은 5억 원 수준이었지만, 2024년에는 20억 원으로 늘었다. 주민총회는 0회에서 18회로, 주민세 마을 사업은 0회/0원에서 65회/3억 800만 원으로 커졌다. 여기서 지표는 도시의 학습 곡선이다. 참여가 마음에서 권한으로 옮겨갈 때, 늘어나는 것은 열정이 아니라 결정의 범위다.

주민자치회의 성과는 동네의 일상 속에서 증명된다. 위원들이 계속 배우고, 현황 조사를 통해 마을의 지도를 다시 그리며, 주민총회에서 그 결과를 확정 짓는 이 반복의 흐름이야말로 마을의 체질을 바꾼다. 이 순환이 축적될수록, 일방적 '요구'였던 민원은 공적인 '의제'로 격상되고, 의제는 구체적인 '계획'으로, 계획은 손에 잡히는 '사업'으로 내려온다. 그리고 그 결과는 다시 다음 해의 질문이 되어 자치계획의 첫 줄을 바꾼다.

주민자치회는 시민이 단순히 '말하는 존재'를 넘어 스스로 '결정하고 책임지는 존재'로 이행하는 과정을 만든다. 이 순환이 멈추지 않는 한, 광명의 골목은 가장 생생한 민주주의의 현장으로 남을 것이다.

② 주민참여예산제도

제도가 생명을 얻어 현장에서 박동하기 시작할 때, 민주주의는 비로소 구체적인 풍경이 된다. 광명시에서 이러한 경험이 가장 명징하게 드러난 순간은 2024년도 주민참여예산편성 과정에서였다. 제안 단계에서 97개의 사업이 접수되어 숙의 과정을 거친 뒤 49개 사업이 최종 선정되어 115억 원의 예산이 요청되었고, 이후 조정협의회의 심의를 지나 47개 사업에 95억 5,000만 원이 편성되었다. 특히 온라인 주민투표에 참여한 5,738명이라는 숫자는 내가 사는 도시에서 지금 당장 가장 시급한 결핍은 이것이라고 손을 들어 표시한 시민 개개인의 절실한 의지가 모인 집단지성의 총합이라 할 수 있다.

이 투표를 통해 시민이 상위에 올려놓은 세 가지 사업인 바닥 신호등과 생리용품 지원, 그리고 재활용품 수거장치는 하나의 본질을 공유한다. 흔히 안전과 복지, 환경은 시정의 3대 분야 같은 거대 담론으로 다뤄지지만, 주민참여예산의 마당에서 이 가치들은 더 이상 추상에 머물지 않고 구체적인 생활의 장면으로 내려앉는다.

실제로 투표 결과에서 2,374표로 가장 높은 선호도를 기록한 '바닥 신호등 학원거리 우선 설치'는 투표의 결과가 곧바로 내 눈앞의 가시적인 설치물로 치환된 결과다. 광명시는 바로 학원 밀집지역 조사와 함께 바닥 신호등 설치계획을 세웠고 2억 원이라는 예산을 배분했다. 안전 정책이 늘 조심하라는 훈계로 끝나는 도시에서는 위험이 개인의 책임으로만 남지만, 주민이 고른 예산으로 바닥에 신호를 켜는 도시에서는 위험이 설계와 시스템의 문제로 다시 읽힌다.

여성청소년 생리용품 지원 사업은 눈에 덜 보이는 대신 몸에 가장 가깝게 닿는 정책이다. 광명시에 주소를 둔 청소년에게 월 1만 4,000원의 구매비를 지역화폐로 지급하는 이 정책은 복지를 시민의 기본적 권리로 재정의한다. 2,105명의 주민이 이 항목을 선택했다는 사실은 우리 공동체의 기본적 삶의 기준을 어디에 둘 것인지에 대한 합의가 이루어졌음을 의미한다.

재활용품 수거장치 설치도 마찬가지다. 환경 정책이 거창한 선언으로만 떠다닐 때 시민의 삶에 와 닿지 않지만, 투명 페트병과 캔을 수거하는 장치가 생활의 동선에 붙으면 그것은 자연스럽게 습관이 된다. 1,959표의 선택은 분리배출의 구조가 편해야 환경 보호가 지속가능하다는 현실적인 필요가 반영된 결과다.

중요한 건, 참여예산이 '원하는 걸 적어내는 창구'로만 남지 않는 것이다. 그래서 광명은 제안의 단계에서 끝내지 않고, 검토의 기준을 공개했다. 또한 가능/불가능의 근거를 설명하고, 수정안을 함께 만들어 최종 결정과 집행 결과를 다시 공유하는 방식으로 참여예산의 흐름을 설계했다. 사업의 전 과정에 시민 의견이 다양한 형태로 담길 수 있도록.

나는 주민참여예산의 핵심을 '도시가 주민을 단순한 민원인이나 의견 제공자가 아니라 공동체의 미래를 책임지는 결정자로 대우하는 방식'으로 해석한다. 한 번의 체감이 다음 참여를 부르고, 그 참여가 제도를 더욱 현실적으로 만들며, 그 현실성이 다시 시민의 만족을 낳는 선순환이 일어날 때 도시는 강해진다.

③ 청년숙의예산제도

청년들이 정책의 대상에서 주체로 거듭나는 장면 역시 숙의가 빚어낸 소중한 열매다. 우리는 청년을 이야기할 때 습관적으로 '미래'라는 단어를 앞세우곤 한다. 하지만 내가 현장에서 마주한 청년들의 진실은 그 찬란한 수사보다 훨씬 더 지독하고 구체적인 '오늘'에 붙어 있었다. 다가오는 월세 날짜를 가늠하는 초조함, 매일 반복되는 출근길의 눅눅한 피로, 그리고 몇 번의 면접 낙방 끝에 홀로 감당해야 하는 고요하고도 무거운 저녁. 이토록 절실한 오늘이 누락된 정책은 언제나 허공을 떠도는 공허한 외침

일 뿐이었다.

광명의 '청년숙의예산'은 그들의 파편화된 걱정들을 공공의 의제로 끌어올리는 통로가 되었다. 청년들이 모여 '주거, 불안, 고립'이라는 단어들을 메모지에 적고 그것을 한 줄의 정책 문장으로 제안할 때, 숙의는 세대별로 깊게 내려앉는다. 직접 우선순위를 정하고 실행 가능성을 따져보며 스스로 정책의 실현 가능성을 고민할 때, 청년은 더 이상 지원의 대상이 아닌 자기 삶과 도시의 공동 주체가 된다. 정책이 누군가 내려주는 시혜가 아니라 당사자가 함께 만들어 내는 공공의 정책이 되는 것, 그것이 숙의예산이 지향하는 궁극의 가치였다.

'숙의의 힘'은 바로 여기서 시작되었다. '과연 누가 당사자인가'를 명확히 세우는 질문 말이다. 광명에서 나는 '청년숙의예산'과 '청년생각펼침' 공모 사업을 통해 청년들이 스스로의 필요를 제안하고 설계할 수 있는 주권 행사의 통로를 목격했다. 그것은 단순한 예산 배분의 과정이 아니라, 억눌려 있던 존재들의 목소리가 공적인 언어를 획득하는 과정이었다.

청년 숙의의 현장은 대개 호흡이 빨랐지만, 그 속도 안에는 깊은 주저함이 숨어 있었다. "과연 이런 사소한 고민을 말해도 될까?", "이게 나만의 개인적인 문제는 아닐까?" 하는 망설임들이 공기를 메웠다. 그러나 누군가 떨리는 손으로 메모지 위에 '주거'라고 적고, 그 옆 사람이 '불편'을, 또 다른 이가 '고립'이라는 단어를 덧붙이는 순간, 기적 같은 변화가 일어났다. 파편화되어 흩어져 있던 개인의 걱정들이 열을 지어 문장이 완성되고, 비로소 공공의 단단한 의제로 승격되는 찰나였다.

이런 과정을 통해 2020년 50억 원 규모 12개 사업 확정이 있었고, 2021년에도 12개 사업이 최종 선정됐다. 2022년에는 13개 사업이 선정됐고,

2023년에는 제2청년동 추가 조성 같은 신규사업을 포함한 58억 규모 13 개 사업이 확정됐다. 2025년에는 14개 정책이 최종 선정됐다.

여기서 내가 주목하고 있는 지점은 청년이 정책을 소비하는 게 아니라 생 산하는 능력을 배우는 구조가 생겼다는 것이다. 2024년엔 토론회를 기존 2회에서 3회로 늘려 더 심도 있게 하겠다는 운영 개선 방안도 만들었다.

2024년 2차 토론회에서는 1차 토론회 제안 18개 사업을 공유하고 유사사 례 분석을 했고, 조별로 전문 퍼실리테이터와 함께 비교·분석해 제안을 고도화했다. 2025년에는 3월부터 시정 방향, 정책·조례 개념, 입법기관의 역할에 대한 교육을 받고 의제를 발굴해 정책제안서를 완성했으며, 부서 검토 결과까지 공유한 뒤 청년이 직접 평가해 우선순위를 정했다.

그 내용을 살펴보면, 2020년과 2021년을 아우르는 초기엔 청년센터, 창 작소, 주거지원, 정신건강 같은 '기초 인프라/복지' 비중이 컸다. 2022부 터는 조례상 청년 연령 상향, 사회출발지원금, 전세보증 보험료 지원처럼 제도·현금성·권리성 의제가 논의되었다. 2023년 이후로는, 우선순위 목 록에 교통비, 광역버스, HPV 백신, 병원 연계 정신건강 같은 '이동/건강/ 의료' 의제가 포함되고. 2025년엔 고립청년, 웰니스, 인공지능AI 크리에이 터, 멘토-멘티, 신체건강 회복 플랫폼 같은 식으로 '사회관계/역량/새 산 업' 영역까지 뻗어 나왔다. 이것은 청년정책이 '공간-복지'에서 '이동-건 강-일-관계-기술'로 확장시키는 토론 기반 생산체계가 됐다는 함의를 갖 는다.

결과적으로 청년숙의예산제는 '사업 선정 행사'가 아니라, 청년이 정책을 배우는 학교가 되어가고 있다. 내가 생각하는 청년숙의예산의 가장 큰 성 과는 제도성에 있다. '청년이 말한다'가 아니라 '청년의 말이 행정의 결과

로 변하는 통로가 매년 반복된다'는 점이다.

이런 성과에 힘입어 2025년 광명시는 청년위원회·청년숙의예산제와 같은 청년 소통정책 및 실제 성과로 '청년친화헌정대상'을 7년 연속 받을 수 있었다.

청년숙의예산제는 청년을 단순히 보호하고 지원해야 할 '객체'로 가두지 않는다. 정책은 더 이상 누군가 위에서 아래로 하달하는 명령문이나 일방적인 시혜가 아니었다. 당사자가 머리를 맞대고 정성을 다해 써 내려가는 집단지성의 결과였다. 청년을 정책의 주체로 세우는 것, 그것이 바로 숙의가 세대라는 대지 위로 깊게 내려앉아 연대의 싹을 틔우는 가장 아름다운 방식임을 나는 믿는다.

'선의'가 아니라' 권리'로 만들어지는 민주주의

민주주의는 결코 '선의'善意만으로 유지되지 않는다. 공론화 청구권은 현장 주민들의 생생한 목소리를 제도로 정착한 것이다. 누구의 부탁이나 호소가 아니라, 권리를 행사하는 시민의 손끝이 직접민주주의의 문을 여는 손잡이가 되게 했다. 제도가 뒷받침되지 않는 선의는 쉽게 피로해지고, 결국 소수의 뜨거운 열정에 기대다가 사그라지기 마련이다. 그래서 우리는 공론장을 시민이 당당히 '요구하는' 권리로 재정의했다.

시민 공론장 청구권은 단순하면서도 강력하다. 시민 100명의 서명만으로 도시의 공식적인 토론의 장을 강제로 가동할 수 있기 때문이다. 상상해 보라. 어느 동네에서 문제가 끓기 시작한다. 게시판에 종이가 붙고, 단톡방에 문장이 오가며, 누군가는 밤잠을 설치며 고민한다. 그때 시민 100명이 마음을 모으면, 그 고민은 비로소 '뒷말'의 영역을 벗어나 '공식 안건'

의 지위를 얻는다. 수북이 쌓인 서명지가 시청 문턱을 넘는 순간, 행정은 달력을 펼쳐 날짜를 잡고 회의실을 정비하며 이해관계자를 호출한다. 권력의 방향이 뒤집히는 순간은 늘 이처럼 소박하다. 이름 모를 이들의 손글씨가 행정의 경직된 일정표를 흔들고 움직이게 만든다.

이 장치는 두 가지 근본적인 변화를 불러온다. 첫째, 의제의 주도권이 행정에서 시민으로 완전히 이동한다. 둘째, "논의할 가치가 있는가"를 권력이 독점적으로 판정하지 못하게 한다. 시민이 서명으로 문을 두드리면, 행정은 그 문을 열고 기꺼이 판을 깔아야 할 의무를 진다.

이때의 공론장은 민원을 해소하는 상담창구에 그치지 않는다. 찬반이 격렬하게 충돌하고, 숨겨진 이해관계가 민낯을 드러내며, 근거와 대안이 혹독한 검증을 거치는 숙의의 장이다. 도시의 품격은 갈등이 없어서 생기지 않는다. 갈등을 다루는 방식의 격조에서 결정된다. 갈등을 음지에서 양지로 끌어올려 공적 언어로 다루는 법을 익히는 것, 그것이 공론장이 존재하는 이유다.

결국 정치란 사람의 목소리에 형태를 부여하는 일이다. 내가 광명에서 마주한 가장 큰 숙제는 '시민의 목소리'라는 실체 없는 에너지를 어떻게 하면 휘발되지 않는 '제도의 근육'으로 전환할 것인가에 있었다. 그 고민의 끝에서 나는 '공론화 청구권'이라는 화두를 던졌다.

공론화 청구권은 시민이 공론의 장을 열어달라고 요구할 수 있는 문손잡이다. 하지만 손잡이만 달아놓는다고 문이 저절로 열리지는 않는다. 설령 문이 열린다 한들, 그 안에서 무엇을 해야 할지, 그 결과가 어디로 흘러갈지 모른다면 문은 이내 다시 닫히고 말 것이다. 나는 이 입구를 만드는 것에 그치지 않고, 그 문 뒤에 견고한 길을 내기로 했다.

-광명, 미래 100년을 그리다-
광명시흥 신도시 발전방향 합동 세미나
일시 2024. 12. 20.(금) 14:00 장소 광명시청 대회의실 주최 광명시, 한국토지주택연구
다함께
광명해요
심 층 토 론
패 널
광명시 신도시개발국 국장
김원곤
패 널
광명미래신성장위원회 위원
홍찬표
좌 장
광명시장
박승원
패 널
LH 공공택지사업처 처장
이원훈
패 널
LH 토지주택연구원 원장
정창무
패 널
LH 토지주택연구원
국토공간연구실 실장
이미홍

먼저 호의를 권리로 바꾸는 작업에 착수했다. 행정이 일방적으로 베풀던 일회성 토론회를 시민이 직접 가동하는 자동적 절차로 바꿨다. 청구가 접수되면 위원회가 심의하고, 개최가 결정된 지 30일 이내에 구체적인 운영계획을 수립하며, 그 결과를 투명하게 공개하는 일련의 흐름을 조례에 새겼다. 공론장이 행정의 선택이 아닌 시민의 권리임을 명시한 순간, 광명의 민주주의는 비로소 자가 동력을 얻었다.

하지만 권리만으로는 부족했다. 설계 없는 토론은 공정성 시비에 휘말리기 쉽고, 행정의 효율성을 해칠 우려도 있었다. 나는 여기서 '공론화위원회'라는 절차의 수호자를 세웠다. 위원회는 때로는 엄격한 '문지기'가 되어 의제의 적합성을 가려냈고, 때로는 정교한 '건축가'가 되어 숙의의 방식을 설계했다. 2023년 실제로 가로수 관리 방안을 두고 시민과 전문가가 머리를 맞댔던 공론장은 위원회의 치밀한 설계 덕분에 소모적인 논쟁을 넘어 정책 반영이라는 실질적인 효능감으로 이어질 수 있었다.

마지막 퍼즐은 '지속가능성'이었다. 공론장이 한 번의 폭발적인 사건으로 끝나지 않으려면, 시민사회가 스스로 의제를 길러낼 체력이 필요했다. 나는 '공익활동지원센터'를 민주주의의 축전지이자 토양으로 삼았다. 센터는 교육과 컨설팅을 통해 시민의 기초 체력을 다지고, 일상에서 의제를 발견하고 학습하는 '바닥 공사'를 담당했다. 2021년 12월 조례를 만들고 2022년 4월 센터 설치·기능을 제도화해 센터 운영의 기반을 완성했다. 그리고 2025년 3기 공론화위원회에서는 공익활동지원센터장이 위원장으로 선출됐다. 2025년에 발표된 '광명 10대 정책 의제'는 센터가 묵묵히 일궈온 의제 생산 라인의 결과물이었다.

이제 광명의 공론화 청구권은 단일한 도구라는 틀을 벗었다. 절차를 시작하는 '권리'트리거, 공정성을 담보하는 '절차'위원회, 역량을 축적하는 '인프라'센터라는 세 축이 맞물려 돌아가는 거대한 시스템이다. 돌아보면 내가 한 일은 제도를 통해 시민의 요구가 도시의 관성이 되고, 토론이 삶의 양식이 되는 '민주적 절차'를 정제해낸 과정이었다. 권리가 절차가 되고, 절차가 다시 일상의 풍경이 되는 것. 그것이 내가 꿈꿨던 민주주의의 실체였다.

숙의가 남기는 것

내가 광명에서 끝내 붙들고 싶었던 본질은 '결정 권한이 이동하는 도시'였다.

시민이 찾아와 목소리를 내고 흩어지는 풍경은 어디에나 있다. 그렇지만 시민의 말이 정책의 메아리가 되어 다시 삶으로 돌아오는 도시는 흔치 않다. 회의록에 남겨진 문장이 예산서로 바뀌고, 그 문서가 현장의 안내판으로 세워지고, 마침내 누군가의 하루를 바꾸는 일까지 이어질 때, 참여는 비로소 일회성 '행사'를 넘어 지속 가능한 '운영'이 된다.

나는 '원탁토론회, 공론화위원회, 주민참여예산제'라는 광명의 세 가지 숙의 민주주의를 각각 독립된 장치로 두지 않았다. 이름은 다르지만 실제로는 시민의 뜻이 현실로 들어가는 하나의 흐름이자, 그 흐름을 끊기지 않게 만드는 단일 시스템의 단계들로 삼았다.

원탁이 의제를 끌어올리고, 공론이 갈등을 다루는 절차를 세우며, 예산이 결정을 실행으로 바꾼다. 그리고 그 실행의 결과가 다시 다음 숙의의 질문이 된다. 광명의 숙의는 일회성으로 끝나지 않고 반복하는 순환으로 굴러가야 했다.

원탁토론회는 도시가 품은 질문을 길어 올리는 자리다. 내가 원탁이라는 형식을 고집한 이유는 시민을 '개별 민원'의 틀에 가두지 않기 위해서였다. 민원은 본래 일대일의 구조로 흐르기 쉽다. 그 안에서 시민은 절박함 속에 갇히고, 행정은 방어적인 습관을 쌓는다. 반면 원탁은 개인의 삶을 '일 대 일'에서 '여럿의 공적 장'으로 옮겨놓는다. 나의 불편이 타인의 불편과 만나고, 나의 분노가 타인의 경험과 부딪치면서 질문의 결이 바뀐다. "누구 탓인가"라는 질책은 "우리는 이 문제를 어떤 순서로 풀어야 하는가"라는 공적 질문으로 옮겨 간다. 원탁은 서로 다른 가치들을 나란히 놓고 우선순위라는 지도를 그려내는 훈련장이다. 여기서 중요한 건 결론의 속도가 아니라, 서로가 납득할 수 있는 근거를 쌓아 올리는 숙의의 시간이다.

다만 도시의 모든 난제가 원탁의 열기만으로 해결되지는 않는다. 원탁은 넓고 활기차지만, 이해관계가 첨예하게 대립하는 지점까지 깊숙이 파고들기에는 한계가 있다. "무엇이 좋은가"를 넘어 "누가 비용을 치르고 누가 혜택을 얻는가"라는 갈등이 모습을 드러낼 때 공론화위원회가 전면에 등장한다. 공론화위원회는 시민의 목소리를 제도적 '판'으로 올리는 문지기다. 나는 이 기구가 여론이 모이는 곳이기도 하지만, 합리적인 절차를 설계하는 곳이어야 하는 것이 더 중요하다고 믿는다. 누가 참여해야 공정한지, 어떤 정보를 제공해야 객관적인지, 토론의 규칙은 무엇인지, 결과는 어떤 방식으로 정리되어야 하는지 등. 갈등을 억지로 잠재우는 게 아니라, 갈등이 파괴적으로 폭발하지 않도록 제도를 통해 해소하는 길이다.

특히 공론장은 '열어주는 것'이 아니라, 시민이 원할 때 '열 수 있는 것'이어야 한다. 일정한 요건을 갖추면 공론장을 요구할 권리를 부여하고, 행정은 이를 회피할 수 없도록 제도화해야 한다. 그래야 공론은 선의가 아니라 권리가 된다. 시민이 스스로 공론장을 열 수 있다는 효능감을 얻을 때, 도시의 권력은 비로소 책상 위의 문서에서 시민의 손으로 이동하기 시작한다.

마지막에는 주민참여예산제가 있다. 나는 이것을 오히려 시민의 뜻이 삶의 현장으로 들어가는 현실 진입로라고 부르고 싶다. 아무리 고결한 토론과 정교한 공론이 있어도, 그것이 예산과 집행이라는 문턱을 넘지 못하면 시민의 삶은 한 걸음도 나아가지 못한다.

주민참여예산제는 시민의 서사적 언어를 행정의 기술적 언어로 번역하는 통로다. "아이들의 등굣길이 위험하다"는 문장은 "어느 구간에 무엇을 설치하고, 예산은 얼마이며, 어느 부서가 언제까지 책임질 것인가"라는 사업계획으로 치환되어야 한다. 이 과정을 통과한 순간, 시민의 요구는 막연한 '희망'에서 실질적인 '사업'으로 바뀐다.

이 세 장치는 톱니바퀴처럼 맞물려 거대한 순환을 만든다. 원탁이 의제를 던지고 우선순위를 정하면, 그것은 참여예산의 후보가 되어 예산과 일정으로 내려간다. 추진 과정에서 갈등이 불거지면 공론화위원회의 절차를 통해 다시 한 번 깊은 숙의로 들어간다. 그렇게 다듬어진 결론은 더 단단한 집행력을 얻고, 실행의 결과는 데이터와 피드백이 되어 다음 원탁의 질문으로 돌아온다. 이 순환이 반복될수록 도시에는 '민주주의의 체력'이 붙는다.

민주주의는 단 한 번의 승부로 완성되지 않는다. 시민이 "내가 말하면 도시가 바뀐다"는 경험을 축적할 때, 시민은 구경꾼에서 도시의 운영자로 거듭난다. 운영자는 형식적 박수를 바라지 않는다. 타인의 사정을 헤아리고, 자신의 요구를 조정하며, 공동체의 미래를 위해 책임을 나눠 갖는다. 행정 또한 시민을 방어의 대상이 아닌 파트너로 인식하며, 결정의 근거를 투명하게 공개하고 결과에 대해 다시 답하는 도시의 기술자가 된다.

결국 숙의 민주주의는 프로그램이 아니라 도시의 순환계다. 시민의 언어가 도시의 언어로 흘러가고, 도시의 언어가 다시 시민의 일상으로 돌아오는 큰 강물. 시민이 마이크를 잡는 짧은 순간이 민주주의의 전부가 아니다. 그 목소리가 예산서에 새겨지고, 현장에서 땀 흘려 실행되며, 그 결과가 다시 시민 앞에 겸허히 보고되는 긴 여정이야말로 민주주의의 실체다. 광명이 이 '운영'의 멈추지 않는 동력이 되길 바란다. 시민이 도시의 손잡이를 놓지 않는 한, 그 손잡이가 가리키는 방향이 곧 광명의 내일이 될 것이기 때문이다.

아른스타인의 7단계가
의미하는 것

2025년 8월 29일, 한국지방자치학회가 주최한 '제1회 대한민국 지방자치 대상' 시상식에서 광명시는 시민 참여 기반의 자치분권 성과를 인정받아 최우수상을 수상했다. 이어진 학문적 평가에서 광명은 아른스타인Arnstein 의 사다리 중 7단계인 '권한 위임 단계'에 도달한 것으로 분석되었다.

참여나 소통이라 이름 붙은 공공 절차 중 상당수는 주권자가 결정에 실질적인 영향력을 행사하기 어렵다. 주권자의 목소리가 반영되게 하는 것이 민주주의의 기본 정신이라면, 정책의 형성과 집행 과정에 그 목소리가 어떻게 영향을 끼치고 있는지를 분석한 것이 학계가 자주 인용하는 아른스타인의 '시민참여 사다리 8단계' 이론이다.

가장 아래에는 '조작'과 '치유' 같은 비참여가 있고, 그 위로 '정보 제공-의견 수렴-회유'라는 형식적 참여가 이어진다. 여기까지는 시민이 말할 수는 있어도, 결정의 주도권을 직접 잡기 어렵다. 다음 칸인 '파트너십'부터가 달라진다. 시민이 행정과 권한을 나눠 갖기 시작하고, 그다음이 7단계

'권한 위임'Delegated Power, 마지막이 8단계 '시민 통제'Citizen Control다.

7단계의 핵심은 '듣는다'가 아니라 '맡긴다'다. 듣는 행정은 좋은 말로 끝날 수 있다. 이에 반해 맡기는 행정은 반드시 구조를 바꿔야 한다. 회의 자리가 아니라 권한의 자리로, 의견이 아니라 결정의 자리로, 구호가 아니라 예산과 집행의 자리로 시민을 데려와야 한다. 위임이란 말이 뜬구름이 되지 않으려면, 시민이 '방향과 우선순위'를 정할 수 있어야 하고, 그 결정이 행정의 설계도와 일정표, 예산서에 실제로 반영되어야 한다.

광명이 주권자인 시민이 참여하는 행사를 많이 열었으며, 시민참여가 자문이나 형식적 동의에서 멈추지 않고, 실질적 권한 이양을 통해 정책과 행정의 방향을 시민이 주도할 수 있는 단계에 이르렀다는 것이 학회의 평가 결과다.

권한위임단계에 이르렀다는 전문기관의 평가는, 광명이 계속하여 구조를 제도로 만들어 왔기 때문이다. 광명은 전 동에 주민자치회를 설립해 시민이 마을 단위에서 직접 의제를 발굴하고 정책을 기획·운영하는 기반을 갖췄다. 주민참여예산제와 주민총회를 통해 예산 편성과 집행 과정에 시민이 들어오도록 길을 제도화했다. 특히 '시민 공론장 청구권' 제도는 시민 100명 이상의 서명만으로 시정 관련 토론회를 공식 개최할 수 있게 하며, 시민의 목소리가 정책 의제로 올라오도록 문을 열었다. 평생학습 장학금 지급, 통학로 안전 개선 같은 정책 성과는 바로 그 문을 통해 들어온 생활의 언어가 행정의 언어로 번역된 결과였다.

또 하나의 축은 숙의였다. '500인 원탁토론회', '시정협치협의회' 같은 숙의민주주의 프로그램을 제도적 기반 위에서 운영하며, 참여가 일과성 이벤트로 소비되지 않도록 묶어 두었다. 원탁은 떠들썩한 장면이 아니라,

서로 다른 삶이 같은 테이블에서 도시의 언어를 맞춰 보는 작업장이었다. 그 작업장에서 나온 합의와 불합의, 질문과 근거들이 문서가 되고 예산이 되고 현장의 안내판이 되어 돌아올 때, 시민은 '참여자'가 아니라 '운영자'가 된다. 7단계 위임이란 바로 그 변화다.

하지만 나는 이 평가가 부담스럽다. 오히려 과제의 이름으로 받아들인다. 위임은 시작일 뿐이다. 위임이 지속되려면 시민의 학습이 계속되어야 하고, 행정의 태도도 계속 바뀌어야 한다. 시민에게 더 많은 권한을 주는 만큼, 더 많은 정보와 더 많은 설명, 더 많은 피드백이 따라야 한다. '결정은 시민이 했으니 결과도 시민 몫'이라고 책임을 떠넘기는 순간, 위임은 민주주의가 아니라 방치가 된다. 위임은 권한의 배분이면서 동시에 책임의 공유다.

나는 광명을 대한민국 자치분권의 선도 도시로 세우고 싶었다. 그래서 전국의 자치분권 지도자들과 함께, 이재명 대통령이 창립 멤버였던 '전국자치분권민주지도자회의'KDLC의 상임대표로 시민 중심의 정치 실험을 이어 갔다. 기후 위기 대응, 순환경제, 사회적 경제, 평생학습……. 의제는 매번 달랐지만, 중심은 늘 '시민이 주인인 도시'라는 말이 구호로 끝나지 않게 만드는 것에 두었다.

서울 한복판 촛불광장에서 시민과 함께했던 기억, 시청 회의실에서 시민들과 마주 앉아 밤을 새워 토론했던 순간들이 내 시정의 뼈대를 떠받쳤다. 그때 배웠다. 민주주의는 '결과'도 중요하지만, 결과에 이르는 '과정'에서 먼저 모습을 드러낸다는 걸.

돌아보면 자치분권은 내 정치 인생의 줄기이자 뿌리였다. 학생운동 시절부터 가난한 이웃과 함께했던 기억, 평생학습을 통해 시민이 변해가는 모습을 지켜본 경험이 지금의 시정 철학을 만들었다.

광명은 이제 '시민주권시대'를 선포한 도시다. 시장실 책상에 앉아 있으면 지금도 종종 떠오른다. 민원창구에서 만난 이름 모를 어머니의 눈빛, 원탁토론회에서 떨리는 목소리로 마이크를 잡던 청소년의 손. 시민이 스스로를 책임지고, 서로를 돌보며, 함께 도시의 미래를 설계하는 길. 나는 그 길을 끝까지 함께 걸어가고 싶다. 그것이 내가 꿈꾸는 광명 시민주권 정부다.

지방분권시대를 향하여,
이재명 국민주권정부와 함께

광명시가 추구하는 '시민주권정부의 완성'을 향해 나아가는 여정에서, 나의 자치분권 철학은 국민주권정부의 국정 기조와 긴밀하게 연동하며 지방분권 시대를 선도하려는 확고한 의지를 분명히 한다. 나는 노무현, 문재인 전 대통령과 이재명 대통령 등 주요 지도자들과 공유한 '시민주권'과 '지방분권'의 가치를 광명시가 추구하는 미래상을 관통하는 핵심 동력으로 삼아왔다.

이재명 대통령당시 성남시장, 경기도지사과의 인연은 2000년대 초반으로 거슬러 올라간다. 이재명 대통령이 성남 참여연대 집행위원장이던 시절, 자치분권과 시민의 권리를 둘러싼 연대 활동의 현장에서 자연스럽게 서로를 알게 됐다. 경기자치분권연대에서의 만남은 인맥의 연장이 아니라 의제가 이끈 연대였고, 지역에서 시작해 국가를 바꾸는 힘이 결국 시민에게서 나온다는 믿음을 확인하는 자리였다.

정치의 현안 속에서 다시 맞물린 계기는 경기도의 민주당 원내대표를 맡아 움직이던 시기였다. 이재명 당시 성남시장이 재선 시장으로 경기도지사를 준비하던 무렵, 경기도의 연정연합정치을 둘러싼 여러 협의가 이어졌는데, 그 과정에서 버스 준공영제 문제가 핵심 쟁점으로 떠올랐다. 그때 이재명 성남시장은 '준공영' 문제에 대해, 직접 내게 전화를 걸어 경기도의회 민주당의 입장이 무엇인지 묻기도 했다. 그 통화가 사실상 정책으로 처음 깊게 맞닿은 순간이었다.

이후 민주당 워크숍 같은 자리에서 이재명 성남시장을 초청해 축사를 듣고, 현안을 둘러싼 토론을 이어가며 관계는 '같이 아는 사이'에서 '같이 설계하는 사이'로 바뀌었다. 성남시가 추진한 청년정책—당시 중앙정부의 반대 속에서도 끝까지 밀어붙였던 실험—은 지역정책이 얼마나 큰 파급력을 가질 수 있는지 보여줬다. 그 흐름을 경기도 차원으로 확장하는 과정에도 내가 맡은 역할이 있었다. 남경필 경기도지사 시절 연정 협상을 진행하면서, 청년정책을 '청년 구직지원금'구직지원금제이라는 경기도 정책으로 설계해 도 전역에서 작동할 수 있도록 길을 만들었다. 연정 과정에서 288개 의제를 협의하며 연합정치를 시작했을 때, 도민 선호를 묻는 조사에서 가장 호응이 컸던 정책 중 하나가 바로 이 청년 구직지원금제였다는 점은, 이재명이라는 정책 브랜드가 가진 확장성과 설득력을 말해준다. 그러고 나서 나는 시장이 되었고, 이재명 시장은 도지사가 됐다. 코로나 19라는 재난 앞에서 다시 한 번 '지방이 먼저 움직이는' 장면이 만들어졌다. 어려움이 깊어질수록 재난지원금 같은 보편적 안전장치가 필요하다고 보고, 정부가 선뜻 받아들이지 않던 시기에 경기도의 몇몇 단체장들과 먼저 치고 나가자는 공감대를 만들었다. 나와 고양, 여주, 안성 등 일부 지방정부의 시장들이 공동성명으로 시작의 불씨를 당겼고광명은 1인당

5만 원 지급으로 시작했다, 이후 경기도가 도 차원의 지원금을 더해 '도와 시가 함께 보태는' 방식으로 확장됐다. 중앙이 망설일 때 지방이 시민의 삶 가까이에서 먼저 결정하고 실행해내는 것, 그게 자치의 실전이었고 분권의 이유였다.

지방분권을 향한 이러한 동행은 "권력과 권한은 나눌수록 커진다"는 신념을 실현하는 길이다. 그것은 시민의 삶을 근본적으로 바꾸는 생활정부를 구현하려는 나의 책임감에서 비롯된다.

나는 학생운동과 시민운동을 거치며 노무현 대통령의 '깨어 있는 시민의 조직된 힘이 민주주의의 최후 보루'라는 사상에 깊이 공감했다. 자치와 분권은 국민의 명령이고 시대정신이라는 확신은 지금도 변함이 없다. 집중된 권력은 늘 부패하고 국민의 자유와 권리를 유린했다. 그래서 내가 만들고자 하는 광명 시민주권정부는 정책의 실제적인 주체가 시민이 되는 모델이며, 이것이 곧 대한민국 국민주권정부의 롤모델이 될 수 있다는 확신을 가지고 있다.

나는 이재명 정부의 출범을 지방자치와 자치분권의 전환점으로 본다. 중앙 권력이 쥐고 있던 많은 권한, 특히 예산권과 조직권 일부를 지방으로 이양함으로써 주민생활과 가장 가까운 곳에서 정책이 결정되고 실행되어야 한다고 믿는다. 광명시는 정부의 국정 기조 '국민주권정부'와 보조를 맞추고 싶다. 단순히 중앙의 과제를 받는 하위기관이 아니라, 지역의 특수성을 반영해 자치 조직권·자치 입법권·자치 재정권을 갖고 스스로 정책을 기획하고 실행하는 정부가 되어야 한다.

2025년 12월, 이재명 대통령은 전 부처를 상대로 업무보고를 받았다. 그 과정은 생중계됐고, 항간에는 "넷플릭스보다 재밌다"는 말도 돌았다. 그

런데 내가 주목한 지점은 재미보다는 공개였다. 권력이 무슨 일을 어떻게 점검하는지, 어떤 질문으로 무엇을 압박하는지, 그 '과정'을 국민이 보는 순간 행정은 설명을 넘어 책임이 된다.

이것은 이재명 대통령의 업무 스타일과도 닮았다. 책상 위 보고서로 민생을 '상상'하기보다 민생현장을 직접 챙기려는 시도로 읽힌다. 그리고 이재명 대통령은 현장에 설 때 늘 준비되어 있다. 말보다 자료를, 분위기보다 근거를 먼저 꺼내 든다. 지방정부가 단지 중앙의 지시를 수동적으로 이행하는 기관이 아니라, 시민 앞에서 스스로 계획을 설명하고 실행을 점검받는 '생활정부'가 되어야 한다는 메시지도 그 생중계 속에 들어 있다.

내가 이재명 대통령에게서 낯설지 않은 성장의 궤적을 보는 이유도 여기에 있다. 우리 둘 다 '중앙'이 아니라 '지방'에서 정치를 시작했고, 그 출발점부터 시대가 요구하는 가치와 현장의 필요를 정책으로 옮겨내는 방식으로 성장해 왔다. 지금 이재명 정부가 자치분권, 사회적 경제, 기본사회, 탄소중립 같은 의제를 국정의 중심에 두고 있는 것도 결국 같은 궤적으로부터 나온다고 본다. 그리고 광명시가 현장에서 밀어온 일들—자치분권의 제도화, 평생학습으로 시민의 시간을 키우는 일, 기후 대응과 자원순환으로 도시의 체질을 바꾸는 일, '좋은 도시'라는 목표를 일상의 행정으로 번역해내는 일—도 그 시대적 가치의 다른 이름이다.

골목경제와 서민경제를 살리기 위한 지역화폐의 철학도 마찬가지다. 시장의 외적 규모를 키우는 방식이 아니라, 동네의 숨을 살리고 가게의 불을 꺼지지 않게 하는 방식으로 경제를 바라본다는 점에서 닮았다. 나 역시 위기 국면마다 생활의 바닥에서부터 버티게 하는 장치를 만들려 했다. 2025년 1월 민생안정지원금이 그랬고, 2024년 난방비 부담이 커졌을 때의 대응도 그 연장선에 있었다. 중앙의 큰 방향과 지방의 구체적 처방이 같은 가치에서 출발할 때, 분권은 구호가 아니라 실제로 작동하는 시스템이 된다.

리더십의 태도에서도 비슷한 결을 느낀다. 이재명 대통령은 '경청'을 정치의 기술이 아니라 습관으로 만든 사람에 가깝다. 나 또한 끊임없이 토론회를 열고, 현장에서 끝까지 들으며, 결국은 어떻게든 해결의 실마리를 찾으려 애쓴다. 누군가는 내게 "사람들과 대화할 때 말을 끊지 않고 끝까지 들어준다"며, "그러면서 무언가를 해결해 주려고 한다"고 말하곤 했다. 그런 평판은 홍보 문구가 아니라, 지방정부가 시민의 삶과 가장 가까운 곳에서 책임을 지려 할 때 자연스럽게 따라오는 흔적이다.

문재인 전 대통령이 "연방제 수준의 자치분권 공화국을 추진하겠다"는 대선 공약을 내걸었을 때, 나는 전적으로 공감하며 자치분권 개헌의 필요성을 강조했다. 지방자치단체를 지방정부로 개칭하는 문제는 중앙정부와 대등한 국정 파트너로서 지방정부의 위상을 확립하는 본질적 과제였다. 중앙 권력이 여전히 지방을 억누르는 구조에서는 선진국이 될 수 없다. 교육·문화·환경·복지 등 영역에서 적절한 재정 배분 없이 중앙이 모든 틀을 짜는 것이 과연 민주주의인가. 중앙이 가진 예산 권력이 지방정부를 약하게 만드는 구조라면, 그것을 바꾸는 일은 지체할 수 없는 과제다.

나는 여러 차례 공적인 자리에서 이 점을 분명히 말했다. '대한민국 지방분권 정책포럼'에서 나는 중앙정부와 정치권에는 '자치분권이 민주주의 발전을 위해 필요하다고는 공감하면서도, 실질적 의지나 확신이 부족하다'고 지적했다. 예컨대 재정분권 문제, 「지방자치법」 제4조에 규정된 지방자치단체의 기관 구성 다양성은 형식만 존재할 뿐 실제 실행 가능한 법률이 없어 획일적인 시스템이 유지되는 현실, 이러한 허점들을 바로잡아야 한다고 강조했다.

나는 교육·문화·환경·복지 등 영역에서 재정을 지방으로 넘겨주어야 한다고 꾸준히 주장해 왔다. 중앙정부가 예산 권력을 놓지 않으려는 구조는 지방을 약하게 만든다. 제4조의 조항이 있어도 실행 수단이 없는 법체계 속에서 지방은 제약에 묶여 있다. 이는 결국 시민의 삶과 직결되는 문제다. 지방분권의 실질적인 성공은 '자치조직권, 자치입법권, 자치재정권'이라는 3대 권한의 강화에 달려 있다. 현행 제도는 대통령령에 따라 조직과 정원이 규제되고, 법률의 범위 안에서만 조례 제정이 가능하며, 재정권 역시 중앙의 간섭을 크게 받는다. 이는 지방정부가 특색 있는 행정을 펼치고 시민의 삶을 개선하는 데 결정적인 한계를 낳는다. 나는 이러한 제약을 넘어 지역의 특수성에 맞는 행정을 펼칠 수 있는 자율적 권한이 반드시 필요하다고 본다.

헌법 개정도 고려되어야 한다. 자치분권을 선언문 수준에서 멈추게 할 것이 아니라 제도적으로 보장하는 법률, 조직, 명칭, 권한들—이 모든 것이 헌법적 기반 위에 서야 지방정부가 온전히 주인이 될 수 있다. 지방정부가 진짜 자치를 할 수 있도록 헌법 수준에서 제도적 기반을 확실히 해야 한다는 것이 나의 분명한 입장이다.

이재명 정부 출범은 한국 지방자치의 30년 역사를 잇는 새로운 분기점이다. 그는 성남시장과 경기도지사를 거치며 주민참여형 자치를 실험했고, 대통령에 오른 뒤 이를 제도적 토대로 확장하려 한다. 특히 분권형 개헌 논의는 단순히 권력구조의 개편이 아니라 시민주권을 강화하는 민주주의의 심화로 읽힌다. 과거 개헌 담론이 중앙권력 분산에 머물렀다면, 이재명 시대의 개헌은 주민자치회와 참여예산제, 공론장 제도 등 풀뿌리 민주주의의 제도화를 핵심으로 삼는다.

이는 국가 운영의 무게중심을 중앙에서 지방, 더 나아가 시민 개개인에게 옮기는 시도이며, 광명시와 같은 선도적 자치도시의 경험이 전국적으로 확산되는 계기를 마련한다. 결국 이재명 정부의 개헌과 자치분권은 서로를 뒷받침하며, 민주주의를 생활 속 권리로 실현하는 새로운 질서로 나아가는 길목에 서 있다.

결론적으로, 내가 주장하는 자치분권은 시민의 안전과 삶을 지키는 문제다. 지방정부가 충분한 권한과 책임을 가질 때 비로소 시민주권시대는 완전히 실현된다. 광명시는 이 길에서 흔들림 없이 나아가며, 대한민국 지방분권 시대를 한 걸음 더 앞당기는 데 앞장설 것이다.

6,525일, 시민이 이긴 기록,
차량기지이전 백지화

자치분권의 진정한 힘은 갈등을 해결하는 과정에서 드러난다. 구로 차량기지 이전 백지화는 중앙정부의 일방적인 계획에 맞서 시민들이 18년 6,525일 동안 끈질기게 싸워 얻어낸 '시민 승리의 기록'이다. 또한 자족도시로서의 정체성을 지키기 위해 "광명은 지금이 서울보다 낫다"며 서울 편입론에 반대한 것은 종속이 아닌 '독립적 성장'을 선택한 주권자의 자부심이었다.

그날 공청회장의 공기는 묘하게 무거웠다. '전략 환경 영향 평가서'라는 두꺼운 제목이 앞에 걸려 있었지만, 시민이 들고 온 건 종이보다 훨씬 구체적인 일상이었다. 아이가 다니는 통학로가 어디로 꺾이는지, 창문을 열면 어떤 방향에서 소음이 밀려오는지, 밤에 누웠을 때 몸을 통해 진동이 어떻게 전해지는지 등이 담겨 있었다.

질문이 이어질수록 '평가서'에 들어 있지 않은 것들이 더 또렷해졌다. 시민은 감정으로만 말하지 않았다. 조목조목 따져 물었고, 구체적 정량지표와 근거를 요구했으며, 왜 광명이 이런 부담을 떠안아야 하는지 되물었다. 그 자리에서 중앙정부는 제대로 된 명분을 내놓지 못했다. 대답이 비어 있을수록, 이 계획이 얼마나 부당한지 오히려 선명해졌다.

나는 그날 처음부터 끝까지 자리를 지켰다. 시장이라서가 아니라, 그 말들을 직접 듣지 않으면 안 된다고 느꼈기 때문이다. 사실 그때까지도 시는 '조건부 협의'의 형태로 몇 가지 요구를 정리해 중앙정부에 건의하고 있었다. 전철역 설치, 지하화, 광명의 이익을 지키려는 여러 노선 수준이었다. 그 정도에서도 돌아오는 답은 늘 같았다. 받아들일 의사가 없었다. 그 순간부터 문제가 단순히 '보완'이나 '조정'의 영역이 아니라는 걸 깨달았다.

시민이 동의하지 않는 계획은, 설계가 아무리 정교해도 결국 폭력이다. 그래서 나는 마이크를 들었다. 준비된 원고가 있었던 것도 아니다. 공청회장의 공기가 더 이상 이전으로 돌아갈 수 없다는 걸 알았다.

"광명시는 더 이상 이 차량기지 이전 사업을 추진하지 않겠다. 국토부는 사업을 중단하고 원점에서 재검토해 달라."

그 말을 하고 나서 잠깐 숨을 고른 뒤, 더 중요한 말을 덧붙였다. 선거 때 내가 했던 약속을 꺼냈다. '지하화'와 '여러 노선'이라는, 그때는 시민에게 희망처럼 들렸을 말들. 취임하고 현실을 확인하니 그 약속을 중앙정부는 애초부터 받아들일 생각이 없었다. 나는 그 자리에서 사과했다. 시장이란 말로 도시를 움직이는 사람이라기보다, 말의 무게를 감당해야 하는 사람이라는 걸 그날 다시 배웠다.

발언이 끝나자 담당 국장이 다가와 "갑자기 추진을 중단하면 어떻게 하느냐"고 물었다. 나는 "이 자리에서 공식적으로 말하지 않으면, 사업은 멎

대로 진행될 거다"는 답을 했다.

그 사람 표정이 잠깐 굳었다. 국책사업을 지방정부가 정면으로 멈추겠다고 선언하는 장면이 흔치 않다는 걸, 나도 알고 있었다. 그렇다고 해서, 해서는 안 되는 일이 되는 건 아니다. 오히려 흔치 않은 일을 해내야 하는 때가 있다.

구로 차량기지 이전 문제가 처음 떠오른 건 2005년이었다. 서울의 불편을 서울 밖으로 밀어내는 방식은 오래된 습관처럼 반복됐다. 그 계획이 본격적으로 시민의 일상에 닿기 시작하자, 밤일마을을 중심으로 반대가 커졌고, 시간이 지나면서 '오래된 현안'이라는 말로도 가릴 수 없는 절박한 과제가 됐다. 18년이라는 시간이 흘렀고, 시민이 본격적으로 치열하게 움직인 시간만 따져도 5년이 넘었다. 싸움은 늘 긴 호흡을 요구하지만, 일상은 하루도 쉬지 않는다. 그래서 싸움은 더 지친다.

초기에는 오해와 기대가 뒤섞여 있었다. "전철역이 생긴다"는 소식이 먼저 퍼졌다. "그럼 편해지겠네" 하고 말하는 시민도 많았다. 차량기지가 들어오더라도 지하화될 거라고 믿는 분들도 있었다. 누군가에게는 '손해'가 아니라 '발전'으로 보이기도 했다.

시는 처음에 조건들을 걸었다. 광명의 이익을 지키기 위한 장치들을 만들고 싶었다. 하지만 중앙정부는 한 번도 진지하게 답하지 않았다. 그때부터 방향이 바뀌었다. 정보가 부족한 상태에서 만들어진 찬성은, 결국 누군가의 삶을 담보로 한 착각일 수 있다. 우리는 차량기지 이전 사업의 내용과 구조, 예상되는 피해를 있는 그대로 시민에게 알리기 시작했다. 그게 싸움의 시작이었다.

시민이 실체를 알게 되자 분위기는 달라졌다. 차량기지가 도시 중심부에,

그것도 지상으로 들어서는 그림이 구체화되면서, 분노했던 단순한 감정이 이성적 판단으로 바뀌었다.

8만 5,000평에 달하는 거대한 면적에 차량기지가 들어오면 무엇이 바뀌는가. 소음과 진동은 생활의 리듬을 무너뜨린다. 미세먼지와 분진은 창문 너머로 들어와 폐에 남는다. 안전 문제는 '만약'에서 '언제'로 바뀐다. 아이들이 오가는 길, 가정집과 상가 옆을 스쳐 가는 열차의 움직임은 도시의 신경을 건드린다.

광명이 실질적으로 얻는 이익은 무엇인가. 출퇴근에 결정적으로 도움 되는 핵심 노선도 아니었다. 역이 늘어난다는 말만 남고, 생활을 바꾸는 환승 품질과 연결성은 불확실했다. 이를 고려해 우리는 다른 길도 함께 이야기했다. 차량기지 이전이 아니라도 시민의 이동권을 확장할 노선과 계획은 충분히 만들 수 있다. 편리함은 '대가'로 거래하는 게 아니다. 설계와 선택으로 쌓아 올리는 것이다.

반대가 커지자 외부에서는 이렇게 말했다. "국가가 주도하는 사업을 어떻게 중단시키느냐", "대안은 있느냐" 하는 말들이었다. 나는 그런 말들을 들을 때마다 오히려 더 분명해졌다. 이걸 막아내지 못하면, 나는 역사에 큰 불명예로 남을 거라고.

정치가 성과의 목록만으로 평가받는다면, 최소한의 양심도 성과가 된다. 시민의 삶과 도시의 미래를 희생시키면서 '국책'이라는 이름을 받아들이는 건, 정치가 아니라 회피였다.

이 싸움이 가능했던 이유는 '시민'이었다. 공동대책위원회가 중심을 잡았고, 광명시는 그 활동을 전폭적으로 지원했다. 자료를 확보하고, 행정적으로 뒷받침하며, 알릴 수 있게 도우면서 연대의 통로를 열었다. 시민은 어

구로차량기지
해향기지 광명이전 백지화
구로차량기지

떤 분야에선 행정보다 더 많은 정보를 가지고 있었다. KDI 타당성 조사 자료를 시민이 먼저 입수해 분석했고, 그 안의 오류와 부당함을 밝혀냈다. 이에 따라 우리는 '타당성 재조사'를 요구할 수 있었고, 감사 청구 같은 절차로도 밀고 들어갈 수 있었다. 행정은 시민을 통제하는 손이 아니라, 시민의 손에 힘을 더해 주는 도구가 되어야 한다. 이 과정에서 그 원칙이 실제로 작동했다.

바깥으로도 길을 만들었다. 차량기지 이전 문제는 광명만의 문제가 아니라 수도권 구조의 문제였다. 서울이 부담을 덜기 위해 주변 도시로 기피 시설을 옮기는 패턴은 반복됐고, 그때마다 '계획'이라는 말로 협의의 시간을 지워 버렸다. 그래서 경기도 내 지방정부가 함께 연대해 불균형적인 시설 배분 문제에 공동 대응하자고 제안한 적도 있다.

이 싸움을 '광명의 이기심'으로 오해하지 않게 하려면, 구조를 구조로 이야기해야 했다. 우리는 철도 전문가들을 초청해 여러 차례 토론을 했고, 대안을 검토했다. 광명의 다른 곳으로 옮길 수는 없는지, 제3의 지역으로 이전할 수는 없는지, 현실적으로 가능한 모든 경우를 따져 봤다. 결론은 같았다. 광명에 들어오는 방식은 환경적으로도, 경제적으로도, 사회적으로도 부적합했다.

안쪽의 갈등도 쉽지 않았다. 모든 시민이 같은 의견을 가질 수는 없다. 자연 훼손과 소음 공해를 우려하며 반대하는 사람도 있었지만, 역이 생기면 편리해질 거라 믿으며 찬성하는 사람도 있었다. 갈등이 격화되면 공동체는 먼저 무너지므로 우리는 언어를 다듬으며 서로를 자극하지 않도록 조심스럽게 중재했다. 찬성하는 분들도 부분적으로만 알고 있거나 오해하는 경우가 많았다. 전체 맥락을 설명하고, '역'이라는 말 뒤에 숨은 한계를 함께 짚어야 했다. 간담회를 열어 찬반이 모두 말하게 했고, 어느 한쪽을 밀어붙이지 않으려 애썼다. 같은 광명시민으로서 분열이 아니라 연대가 필요했기 때문이다.

구로구 주민들과의 감정도 복잡했다. 그들 역시 차량기지로 오랜 시간 고통받아 왔고, 이전을 간절히 바랐다. 나는 그 실정에 공감했다. 그래서 이 싸움은 '광명 대 구로'의 싸움이 되어선 안 됐다. 누군가의 고통을 다른 누군가의 고통으로 옮기는 방식으로는, 문제는 끝나지 않는다. 도시의 정의는 고통을 이전하는 것이 아니라, 고통을 줄이는 쪽으로 설계되는 것이다.

마침내 2023년 5월 9일, 기획재정부 재정사업평가위원회가 '타당성 부족'이라는 결론을 내리며 이 계획은 사실상 백지화됐다. 6,525일. 글씨로 적으면 건조한 느낌이지만, 그 시간에는 수많은 밤과 낮이 들어 있다. 거리에서 손 팻말을 들던 손, 회의실에서 자료를 펼치던 눈, 잠들지 못한 채 도시의 미래를 상상하던 마음. 나는 그 소식을 시민과 함께 들으면서, 다시 한 번 다짐했다. 시민과 함께라면 어떤 거대한 계획도 바꿀 수 있다는 사실을.

싸움이 끝났다고 해서 기록이 끝나는 건 아니다. 2025년 7월, 광명시는 '차량기지 광명 이전 백지화 시민활동 기록화' 최종보고회를 열었다. 『시민의 이름으로 써 내려 간 6,525일의 기록』이라는 제목의 백서가 나왔고, 사진과 기사, 영상과 문서가 380쪽 분량으로 담겼다. 보관용 행정 보고가 아니라, 시민이 스스로의 삶을 지켜낸 역사였다.

온라인 아카이브가 열리고, 밤일제1소공원 인근에는 상징 조형물이 세워질 예정이다. 철로를 형상화한 우산과 의자의 조형물은 '시민이 지킨 자리'라는 이름을 달았다. 그 자리는 누군가의 승리를 과시하는 자리라기보다, 다시는 같은 일이 반복되지 않기를 바라는 다짐의 표식이다.

'백지화 이후'의 시간은 우리에게 다음 과제를 건넸다. 수도권 서남부의 구조적인 교통문제 해결이다. 그리하여 2025년 12월 23일, 구로철도 차량기지와 연계해 추진하려던 제4차 국가철도망 구축계획제2경인선의 축을 다시 엮어 '수도권 서남부 광역철도를 민간투자사업으로 재추진하겠다'는 발표를 하였다. 제2경인선·신구로선·경기서남부를 동서축으로 잇는 신천·하안·신림선을 하나의 체계로 묶는 구상이다. 노선은 신천에서 출발해 광명 하안지구를 거쳐 신림으로 연결된다.

나는 이 발표를 긍정적으로 읽는다. 무엇보다 이 과정은 백지화 이후 해당 지역 국회의원과 지방정부가 합의해, 지역 주민의 편의와 이동권을 중심에 두고 다시 추진하는 사업이기 때문이다. 서남부 교통의 해묵은 병목을 '개별 노선'에서 '하나의 연결망'으로 풀어보려는 방향도 옳다. 그리고 더 중요한 건 방식이다. 과거의 싸움이 남긴 교훈 덕분에 이제는 누군가의 불편을 다른 도시의 고통으로 옮기는 구조 대신, 주민의 동의와 검증 위에서 '권리로서의 교통'을 설계해야 한다는 원칙이 전면에 놓였다. 백지화가 끝이 아니라, 더 나은 계획으로 넘어가기 위한 출발선이었다는 사실을 이 재추진은 보여준다.

이 과정은 내게 정치가 무엇인지 다시 확인시켜 준 시간이었다. 정치는 권력의 기술일 수 없고, 사람들의 삶을 지켜내는 일이다. 시장은 혼자 결정하지 않고, 시민의 결정을 현실로 옮겨야 한다. 행정이 시민과 함께하면 더 큰 성과를 낼 수 있다는 말을, 나는 이 싸움으로 확신하게 됐다.

시민도 공무원을 다시 보기 시작한 계기였다. 일방적으로 정책을 시행하는 집단이라는 인식에서 함께 지역 문제를 고민하고 해결해 나가는 동료로 받아들이는 시선이었다.

도시가 성장하는 방식에도 품격이 있다. 누군가의 불편을 떠안는 반대급부로 성장하는 도시는 오래가지 못한다. 광명은 그 길을 거부했다. 우리가 지킨 건 단지 차량기지 이전 하나가 아니다. 우리 아이들이 걷는 길의 평온이고, 창문을 열어도 숨 쉴 수 있는 공기이며, '다음 세대에게 빚을 남기지 않겠다'는 도시의 약속이다. 그 약속은 시민이 지켰다. 나는 그 옆에서, 시장으로서 해야 할 일을 했을 뿐이다. 그리고 그 일을 통해 나는 하나의 문장을 마음에 새겼다. 시민과 함께하면, 절대 실패하지 않는다.

'시민의회'를 향한 여정

나는 종종 '계획'이라는 단어가 지닌 한계를 잘 알고 있다. 계획은 아름답게 포장되기 쉽고, 포장된 문장들이 현실에서는 흙먼지와 자주 부딪힌다. 그런데도 계획이 필요하다는 걸 나는 안다.

계획은 예언이 아니라 약속이고, 약속은 결국 누군가의 삶을 지키는 기술이다. 그래서 제3차 자치분권 기본계획을 준비하는 시간은, 행정이 문서를 만드는 시간이 아니라 광명이 누구의 도시인지 다시 확인하는 시간으로 나에게 남는다.

2018년 자치분권과를 만들던 날을 아직도 기억한다. 조직 하나 더 만드는 일로 보일 수도 있다. 하지만 나는 그게 '권력의 주소'가 옮겨가는 첫 표식이라고 생각했다. 시장실에서만 결정이 내려가는 도시가 아니라, 동네의 골목과 놀이터, 아파트 엘리베이터 안에서 떠오른 불편이 정책이 되는 도시. 그게 내가 꿈꾼 광명이다. 그리고 그 꿈은 어느 날 갑자기 이루어지지 않는다. 작은 제도 하나가 생기고, 작은 교육 하나가 이어지고, 작은 토론

하나가 쌓여서 어느 순간 도시의 숨결이 바뀐다.

우리는 그렇게 7년을 걸어왔다. 주민자치위원회를 주민자치회로 전환하는 일은 단순한 명칭 변경이 아니었다. 주민이 마을의 의제를 직접 발굴하고, 주민총회에서 토론하며, 주민세 마을사업을 실제로 결정·집행하는 구조는 '참여'라는 말을 '권한'으로 바꿔 놓았다. 한 번 경험한 시민은 다시는 예전으로 돌아가지 않는다. 시민은 '예산이 어디로 흐르는지, 결정이 어떤 과정을 거쳐 만들어지는지, 그 과정에서 내 목소리가 실제로 반영되는지'를 몸으로 배웠다.

500인 원탁토론회도 마찬가지다. 원탁은 행사처럼 보이지만, 사실은 도시의 심장이 한 번 크게 박동하는 장면이다. 서로 다른 삶을 사는 시민이 같은 테이블에서 도시의 우선순위를 두고 토론한다. 그 순간 민주주의는 '투표일'이 아니라 '평일 저녁의 공기'가 된다.

나는 원탁토론회가 커질수록 오히려 더 조심스러웠다. 큰 규모의 참여는 늘 위험을 동반한다. 목소리가 커지는 대신 얕아질 수도 있고, 장면이 커지는 대신 책임이 사라질 수도 있다. 그래서 우리는 원탁이 '말'로 끝나지 않도록 주민참여예산과 연결하고, 실제 사업의 우선순위를 시민이 결정하는 구조를 붙였다. 참여가 '감상'이 되지 않게 하기 위해서였다.

그런 경험들이 쌓이면서 도시 안에는 새로운 질문이 생겼다.

"이제 우리는 어디까지 갈 수 있나?"

제도는 만들어졌고, 시민의 역량도 자라고 있다면, 다음 단계는 무엇인가. 광명이 '참여가 많은 도시'에 머물지 않고 '참여가 작동하는 도시'로 가려면 무엇이 필요할까. 이 질문이 제3차 자치분권 기본계획의 출발점이 됐다.

2025년 5월, 시청 중회의실에서 정책 브리핑을 열던 날, 나는 '자치분권의 일상화'라는 말을 쉽게 꺼내지 못했다. 자치분권이 일상화된다는 건 결국 행정의 습관이 바뀌는 일이다. 회의실에서 의제가 잡힐 때부터 시민의 자리가 비어 있지 않아야 한다. 집행 과정에서도 진행 상황이 공개되고, 시민의 피드백이 반영되는 통로가 열려 있어야 한다. 평가와 환류에서도 시민은 구경꾼이 아니라 당사자가 되어야 한다. 말은 쉽지만, 행정의 관성은 무겁다. 그러므로 계획은 더 구체적이어야 했다.

"2026년부터 2028년까지 3년 동안, 광명은 무엇을 어떻게 바꿀 것인가?"

제3차 계획이 지향하는 목표는 뚜렷하다. 시민주권이 일상화되는 자치분권 도시. 나는 이 지향점이 박제된 선언문에 머물러 있기를 원치 않았다. 우리의 일상 속에 자연스럽게 녹아든 살아 있는 양식이 되길 바랐다. 그리하여 자치분권 정책을 네 개의 기둥으로 재정립했다.

'민관협치, 행정혁신, 교육자치, 주민자치.'

각각은 얼핏 서로 다른 길을 걷는 듯 보이나, 본질적으로는 하나의 일관된 흐름으로 수렴한다. 결국 그것은 '시민이 정책의 주체가 되는 도시'라는 공동의 약속이다.

그중에서도 핵심은 민관협치의 구조를 '상설'로 만드는 일이다. 그동안 광명에는 참여와 숙의를 위한 다양한 장치가 있었다. 원탁토론회가 있고, 공론장이 있고, 포럼이 있고, 각종 위원회가 있고, 주민자치회가 있다. 문제는 이 장치들이 때로는 분절되어 있다는 점이다. 시민의 참여가 늘어나도, 참여의 결과가 행정 안에서 한 덩어리의 힘으로 이어지지 않으면, 참여는 쉽게 피로로 바뀐다. 그래서 우리는 상설기구를 구상했다. 이름은 아직 가칭이지만, '광명시민의회'라는 형태로 시민 참여와 공론 조직을 통합하는 구상이다. 시민의회는 단순한 자문기구가 아니라, 시민이 정책의 전 과정에 들어오는 통로를 제도적으로 묶어 주는 '뼈대'가 되어야 한다.

이 대목에서 나는 직접민주주의를 함께 생각한다. 주민발안, 주민투표, 주민소환 같은 제도는 법조문 속에만 존재하면 아무 의미가 없다. 제도는 있어도, 시민이 실제로 활용할 수 없으면 '권리의 장식'이 된다. 그래서 중요한 건 행정적 지원체계다. 시민이 발안을 준비할 때 정보와 절차를 안내받고, 공론이 필요할 때 공정한 토론의 장을 열며, 투표를 할 때 안전하고 투명하게 참여할 수 있도록 돕는 플랫폼. 시민이 권리를 행사할 때 행정이 방관자가 아니라 조력자가 되는 구조. 나는 그게 '시민주권정부'의 기본 자세라고 믿는다.

행정혁신은 더 노골적인 변화가 필요하다. 시민이 참여한다는 말이, 위원회 한자리 '구색'으로 끝나면 시민은 금방 알아차린다. 따라서 우리는 부서별 위원회와 주요 의사결정 구조에 시민 대표의 참여를 실질적으로 보장하는 방향을 고민했다. 중요한 건 '참여했다'는 기록이 아니라, 참여가 실제로 의사결정의 질을 바꾸는지다. 나는 공무원들에게 늘 같은 말을 한다. '시민참여는 일을 늘리는 게 아니라 일을 줄이는 길'이라고. 처음부터 시민과 함께 설계하면, 뒤늦게 생기는 갈등과 반발을 줄일 수 있다. 정책이 실행될 때 마찰이 줄어드는 건, 결국 행정의 에너지와 시민의 에너지를 함께 아끼는 일이다.

교육자치는 내가 특히 마음을 오래 두고 있는 영역이다. 자치분권은 어른들의 제도로만 완성되지 않는다. 다음 세대가 민주주의를 '교과서'가 아니라 '생활'로 경험해야 도시의 문화가 바뀐다. 그래서 제3차 계획에는 지역의 교육 주체들이 함께 참여하는 기초 교육 거버넌스를 더 단단히 세우

2025년 광명시민
500
원탁토론회
13

제4기 광명시 청년위원회 위촉식
| 일시 | 2025. 7. 8. (화) 18:30 | 장소 | 광명시 청년동

는 구상이 들어간다. 지역 자원을 활용해 돌봄과 배움이 연결되는 '광명형 초등 돌봄 모델'은 단지 돌봄의 편의가 아니라, 공동체가 아이를 함께 키우는 방식의 실험이다. 또한 민·관·학이 함께 논의하는 지역교육협의회, 그리고 주민의 주체적 참여가 보장되는 마을교육자치회 같은 구조는 '학교 밖 민주주의'를 현실로 만드는 토대가 된다.

주민자치는 말 그대로 동네의 민주주의를 한층 깊게 파는 일이다. 주민자치회가 더 다양한 계층의 참여를 받아내려면, 방식도 바뀌어야 한다. 할당제 같은 제도적 장치가 필요한 이유가 여기 있다. 누구는 말할 기회를 더 쉽게 얻고, 누구는 쉽게 밀려난다. 그 불균형을 그냥 두면 '참여'는 늘 비슷한 사람들의 몫이 된다. 온라인과 오프라인을 함께 운영하는 방식도 같은 이유다. 일하는 사람, 돌봄을 하는 사람, 이동이 어려운 사람도 참여할 수 있어야 '일상화'가 가능하다.

게다가 광명은 대규모 정비사업이 진행되는 도시다. 공동체가 해체되기 쉬운 조건을 안고 있다. 아파트 공동체를 살리는 작업은 선택이 아니라 필수인 까닭이다. 아파트 특화 활동가를 키우고, 단지의 의제를 발굴하며, 공모사업으로 연결해 실천하게 하는 일은, 도시가 커지는 속도만큼 공동체 회복의 속도도 놓치지 않겠다는 약속이다.

이 모든 계획을 한마디로 정리하면, '민주주의의 상설화'다. 나는 광명이 특별한 도시가 되길 바라지 않는다. 다만 광명에서 가능했던 일이 다른 도시에서도 가능하다는 걸 보여주는 도시가 되길 바란다. 자치분권은 제도를 바꾸는 일을 넘어서는, 누가 주인인가를 다시 쓰는 일이다. 그 문장을 나는 행정의 문서에만 남겨 두고 싶지 않다. 주민총회장 앞에서 아이가 뛰어놀고, 주민이 서로의 의견을 들으며, 공무원이 그 옆에서 기록하는 가운데 정책이 그 자리에서 방향을 잡는 장면으로 남기고 싶다.

2028년의 광명을 나는 이렇게 그린다. 동네마다 주민총회가 정례화되고, 주민이 제안한 사업이 '행정의 이벤트'에서 '동네의 습관'이 된다. 시민의회는 행사 때만 떠오르는 이름에서, 도시의 중요한 선택을 앞둔 시민이 언제든 들어갈 수 있는 문이 된다. 주민발안과 주민투표, 주민소환 같은 제도는 어렵거나 멀리 있지 않고, 시민이 책임 있게 도시를 움직이는 일상의 기술이 된다. 그때 광명은 '참여를 장려하는 도시'를 넘어서 '참여가 작동하는 도시'가 될 것이다.

나는 안다. 이 길은 느리고, 때로는 지루하다. 성과는 숫자로 빨리 찍히지 않고, 변화는 생활 속에서 조금씩 번진다. 하지만 민주주의는 원래 그런 속도로 자란다. 빠른 결정은 쉽지만, 함께 결정하는 일은 시간이 걸린다. 그 시간을 견디는 게 자치의 품격이고, 그 시간을 함께 건너는 게 시민주권의 힘이다. 제3차 자치분권 기본계획은 그 힘을 제도로 묶고, 습관으로 만들어 다음 세대에게 넘겨주기 위한 지도다. 지도는 종이에 불과하지만 그것을 읽고 목적지를 찾아가는 사람들의 발걸음으로 완성된다. 나는 그 발걸음을 시민과 함께 계속 이어갈 생각이다.

'시민주권'을 시민이 도시의 주인으로 우뚝 서는 운영체계라고 한다면, '평생학습'은 시민주권이라는 씨앗이 자라나 울창한 숲을 이루기 위해 반드시 필요한 성장의 자양분과 같다고 할 수 있다. 개인의 배움이 공동체의 실천으로 이어질 때, 평생학습은 도시의 복합적인 문제를 해결하는 가장 강력한 동력이 될 수 있는 성찰과 실천의 과정이다.

제2장

평생학습

도시의 지성을 깨우는 힘

평생학습은 민주주의라는 거대한 건축물을 지탱하는 '기초 근육'과 같다. 화려한 외벽(제도)이 있어도 그 안을 채운 시민의 지성과 참여 의지라는 근육이 튼튼하지 않으면 건물은 금방 흔들린다. 광명의 평생학습은 시민 개개인이 스스로의 삶과 도시의 주인이 될 수 있도록 그 근육을 단련하는 훈련소인 셈이다.

시민을 주권자로 만드는 언어,
평생학습

배움은 졸업장이 아니라, 사람의 태도를 남긴다. 나는 '교육'이라는 단어보다 '학습'이라는 단어를 고집해 왔다. '교육'이 가르치는 대상을 만든다면, '학습'은 스스로 깨우치는 주인을 만들기 때문이다. 시민이 자기 도시를 읽는 언어를 갖게 될 때, 시정 참여는 일상의 습관이 된다. 광명의 평생학습은 시민을 대상에서 정책의 주체로 옮겨 놓는 시민주권의 핵심 기반 시설이다.

'교육'이라는 말에는 누군가를 대상으로 '가르침'이 전제되어 있다. 물론 교육이 필요 없는 사회는 없다. 하지만 도시를 움직이는 힘은 거기서 멈추면 안 된다. 도시에서 필요한 건 '잘 가르친 행정'이 아니라 '스스로 읽고 판단하는 시민'이다. 시민을 대상으로 만들지 않고, 시민을 주인으로 세우는 일. 그때부터 '교육'은 조금 불편해진다.

'학습'은 반대로 시작점이 다르다. 학습은 누가 시켜서 하기보다, 내가 필요해서 하는 것이다. 학습은 졸업장보다 태도를 남긴다. 그리고 민주주의는 결국 태도의 문제다.

광명은 '학습'이라는 단어를 오래전부터 품고 있었다. 1999년 3월 9일, 광명은 스스로를 평생학습도시라고 선언했다. 중앙정부가 제도를 정리하기 전, 지역에서 시작한 일이었다. 말하자면, 행정보다 도시가 먼저 움직인 셈이다. 그 뒤 광명은 2001년 교육부 인증을 받으며 '전국 최초 평생학습 도시'라는 기록을 이어갔다. 이 기록이 중요한 이유는 '학습'은 애초에 누가 과제로 내려주지 않고, 도시가 스스로 필요를 느껴 만들어낸 길이었다는 사실이다. 시작이 그랬으니, 방향도 달라야 했다. 시민은 수료생이 아니라 공동저자여야 했다.

유네스코가 광명을 '학습도시'로 소개할 때도, 단지 강좌 개수만을 강조하지 않았다. 시민이 무료로 이용할 수 있는 평생학습센터, 장애인을 위한 교실, 평생학습 도서관, 그리고 민주적 시민교육을 위한 종합계획 같은 것들을 함께 언급한다. 2021년에는 '시민강좌'를 5개 권역에서 운영하며 학습 모델을 실제로 구현했다고도 평가했다.

나는 이런 문장을 읽을 때마다 '학습'이라는 단어가 왜 중요한지 다시 확인한다. 민주주의는 제도만으로 굴러가지 않는다. 생각하는 습관이 굴린다. 그 습관을 길러내는 장치가 학습이다.

그런 이유로 나는 광명의 민주시민교육을 '캠페인'이라고 하지 않고, '언어교육'이라고도 부른다. 광명시 평생학습 체계는 민주시민교육을 '나, 이웃, 사회를 연결하고, 시민을 주권자로서 지속 발전에 필요한 지식·기능·가치·태도를 갖추게 하는 교육'으로 설명한다. 여기서 중요한 건 '정보 전달'이 아니라 '연결'이다.

나를 사회에 연결하고, 내 불편을 공공의 문장으로 번역하며, 내 경험을 공동체의 설계로 확장하는 능력. 그게 주권자의 언어다. 법과 조례는 그 언어를 담는 그릇이고, 학습은 그 그릇을 실제로 쓰게 만드는 손이다.

나는 도시의 배움을 '빡빡한 시간표'보다 '열려 있는 자리'로 만들고 싶었다. 이를테면 광명에는 '느슨한학교'라는 표현이 있다. 언제, 어디서, 누구나, 무엇이든 가르치고 배우며, 삶의 경험과 지혜를 나누는 시민주도 학습공동체. 재능기부와 공간공유로 마을 곳곳에서 이뤄진다고 소개되어 있다.

이 문장에는 내가 원하는 도시의 태도가 들어 있다. '가르치는 사람'과 '배우는 사람'이 고정되지 않는다. 오늘은 내가 배우고, 내일은 내가 가르친다. 그 순환이 생기는 순간, 시민은 '수강생'이 아니라 '주권자'에 가까워진다. 주권은 늘 일방통행이 아니라 상호작용에서 자라기 때문이다.

또 하나, 나는 학습의 장소를 특정 공간에 한정하고 싶지 않았다. 그래서 마을배움터처럼 권역별로, 마을의 특성과 의제를 담아 움직이는 학습이 중요해진다. 광명시 평생학습 플랫폼을 보면 2024년에는 권역별 마을배움터 5개소에서 30개 강좌를 192회 운영했고, 392명이 참여했다. 2023년에는 32개 강좌 254회, 368명 참여로 기록되어 있다.

이 통계는 '학습이 생활권으로 들어갔다'는 증거다. 생활권으로 들어간 학습은 곧바로 생활권의 문제를 건드린다. 그러면 배움은 취미로 끝나지 않고, 의제로 이어진다. 의제는 곧 정치가 된다. 그 정치가 생활 속으로 내려오면, 시민주권은 비로소 살이 붙는다.

나는 종종 "시민이 주체로서 스스로 도시의 변화를 만들어갈 때 시민주권도시로 성장한다"는 말을 한다. 누가 대신 바꿔주는 도시가 아니라, 스스로 바꾸는 도시로서 그 배움은 누구에게나 열려 있어야 한다.

이를 의도해 광명은 '학습의 권리'를 실제 생활비처럼 다뤄보려는 실험도 한다. 광명시민 평생학습지원금은 50대 1인 1회 30만 원의 학습이용포인트를 지원하고, 수강료나 도서구입비 등에 쓸 수 있다. 이 제도는 '교육복지'라는 말보다 '학습 인프라'라는 말이 더 정확하다. 복지는 때로 받는 사람을 만든다. 인프라는 사용하는 사람을 만든다. 시민을 수혜자가 아니라 사용자로, 더 정확히는 도시의 공동설계자로 부르는 방식. 그것이 '학습'의 정치다.

'교육'에서 '학습'으로의 이동은 시민을 바라보는 시선의 높이를 바꾼 것이다. 내려다보는 시선에서, 나란히 걷는 시선으로. 정책을 설명하는 행정에서, 도시를 함께 읽는 공동체로. 시민을 대상으로 삼는 순간 민주주의는 홍보가 되고, 시민을 주권자로 세우는 순간 민주주의는 습관이 된다. 도시가 살아남는 방식은 늘 과정 쪽에 있다. 주권자는 결과로 만들어지지 않는다. 과정을 스스로 통과한 사람만이 주권자가 된다. 그러므로 광명의 평생학습은 프로그램이라기보다, 시민주권의 기반시설이라고 할 수 있다. 시민이 도시를 읽는 언어를 갖게 되는 순간, 시정은 행정의 일을 벗어나 시민의 일이 된다. 그리고 그때부터, 도시는 비로소 시민의 문장으로 다시 쓰이기 시작한다.

모험과 돌파로 만든
최초 평생학습 도시

광명은 1999년 전국 최초로 '평생학습도시'를 선언하며 세상에 없던 길을 열었다. 이러한 모험은 오늘날 전국 200여 개 지자체가 참여하는 거대한 흐름의 마중물이 되었다.

그때는 아직 '평생학습도시'라는 말 자체가 낯설었다. 신문에서는 그걸 '지방자치단체로는 처음'이라고 적었다. 그리고 선포식과 함께 철산동 철산농협 2층에서 평생교육센터 개관식이 이어졌다. 거창한 청사도, 새로 지은 건물도 아니었다. 도시의 첫 배움터가 은행 건물 한 켠, '2층'이었다는 사실. 평생학습의 시작점이 생활권이고, 사람의 발걸음이 닿는 곳에서부터였다. 동시에 그건 배짱이기도 했다. 교육은 교육청의 영역이라는 관성을, 그 작은 2층이 흔들었다.

당시 기사 한 줄이 시대의 공기를 말해준다. "지난해 11월 국회에 제출된 '평생교육법'안이 근간"이라는 문장.

법으로 이미 길을 닦아 놓기도 전이었고, 겨우 논의가 무르익는 중이었다. 제도가 아직 준비 중이었지만 길을 내기 시작했다. 이때의 절차는, 안전한 절차를 밟는 수순을 염두에 두지 않고 먼저 해보는 모험이었다. 하지만 무모함은 아니다. 실패했을 때 책임질 각오가 있는 선행이다. 상위 제도가 미처 따라오지 못할 때, 현장에서 먼저 시민의 필요를 확인하고, 그 필요를 제도 쪽으로 끌고 오는 힘. 광명은 그 힘을, 평생학습이라는 이름으로 처음 시험했다.

물론 처음부터 박수가 있었던 건 아니다. 새로운 길을 내면 늘 같은 질문이 따라온다. "그걸 왜 시가 하느냐?", "교육청이 할 일 아닌가?", "법적 근거는 충분한가?" 등등. 그런데 시민의 삶은 늘 긴급하다. 누군가에게 배움은 취미가 아니라 생존이고, 한 번 놓치면 돌아오기 어려운 기회다. 그 긴급함이 행정의 신중함보다 먼저 오는 순간이 있다. 광명은 그 순간을 외면하지 않았다.

중요한 건 사업의 목록이 아니라, 행정이 시민을 바라보는 관점이다. 도시가 시민을 어떤 존재로 보았는가. 시민을 서비스의 대상, 행정의 고객으로만 보았다면 평생학습은 생기기 어렵다. 반대로 시민을 '도시를 함께 만드는 사람'으로 본다면, 배움은 곧 도시정책의 기반시설이 된다. 광명은 제도보다 먼저 그 관점을 선택했고, 그래서 제1호가 되었다.

그 선택은 기록으로도 굳어졌다. 광명은 1999년 선포 이후, 2001년에 교육부 인증을 받아 '전국 최초 평생학습도시'가 되었다. 선포가 의지였다면, 인증은 그 의지를 제도권 안으로 끌어들여 '표준'으로 만든 사건이다. 도시가 먼저 시작한 것을, 국가가 뒤따라 확인한 셈이다. 이런 순서는 꽤 중요하다. 국가가 내려준 모델을 도시가 복제하지 않고, 도시가 만든 길을 국가가 제도로 따라온 경우다. 지방정부가 정책의 소비자가 아니라 생

기(다색) 7
- 다울마을 -

산자일 수 있음을, 광명이 보여준 대목이다.

이 모험은 광명 안에서만 끝나지 않았다. 시간이 흘러 평생학습도시는 한국의 기본 인프라가 됐다. 2025년 기준으로 평생학습도시로 지정된 기초자치단체가 201개에 이르렀다는 보도도 있다.

여기서 나는 묘한 책임감을 느낀다. 첫 번째가 된다는 건, 단지 먼저 간다는 뜻이 아니다. 뒤에 오는 도시들이 "저렇게도 할 수 있구나" 하고 따라올 수 있도록, 실패의 비용을 먼저 치르는 일이다. 선구자라는 말이 낭만적으로 들릴 때가 있지만, 행정에서 선구자는 늘 땀 냄새가 난다. 매뉴얼이 없으니 몸으로 부딪혀야 하고, 평가 기준이 없으니 성과를 설명하기도 어렵다. 광명의 제1호는 바로 그 과정을 통과한 결과다.

나는 그 오래된 시작을 떠올릴 때마다 장면이 겹쳐 보인다. 철산농협 2층에서 시작한 그 작은 교실들과, 시간이 흘러 시민이 더 편하게 모일 수 있도록 공간을 키워온 과정이 한 줄로 이어진다. 2020년 광명시가 평생학습원을 이전 개관하면서 연면적과 좌석 수, 투입 예산까지 구체적으로 공개한 내용들이 있다. 나는 그 장면들을 이렇게 보았다. '2층에서 시작한 약속을, 도시가 끝까지 책임지려 했다'는 흔적. 규모가 늘어난 자랑이 아니라 지속의 증거다. 한 번 선포하고 끝냈다면, 그건 이벤트다. 공간을 만들고, 예산을 넣어 시민이 다시 오게 만드는 구조를 붙잡았다는 건 제도화를 말한다. 제도의 정착이 도시를 바꾼다.

행정의 모험이란, 결국 시민을 믿는 쪽으로 먼저 몸을 기울이는 일이다. 그리고 그 믿음은 예산, 공간, 인력, 조례와 계획으로 구현될 때 구체적인 결과물이 된다. 광명은 '평생학습도시'라는 말을 1999년 3월 9일에 먼저 꺼냈고, 그 말이 허공에 뜨지 않도록 철산농협 2층에 배움터를 열었다. 나는 이 시작이 그래서 아름답다고 생각한다. 거대한 혁신은 늘 화려한 출발을 요구하지 않는다. 중요한 건 첫 문장을 쓸 때의 자세다. '시민이 평생학습의 주체'라는 선언은 그 자체로 권력의 방향을 바꾼 문장이다.

지금도 나는 시정을 하며 비슷한 갈림길을 만난다. 해본 적 없는 길은 늘 불안하고, 불안은 늘 반대의 언어를 낳는다. 그러나 도시의 역사는, 누군가의 불안을 껴안고도 한 발 내딛는 데서 열린다. 광명이 제1호가 되었던 이유는 '특별한 조건'이 있어서가 아니라, '특별한 결심'에 있었다. 그 결심은 행정의 책상에서만 나오지 않았다. 시민의 삶이 먼저 있었고, 그 삶을 도시가 배움으로 지키겠다고 말한 것이다. 그렇기에 나는 광명의 평생학습을 성과로만 쓰지 않는다. 이것은 한 도시가 스스로에게 한 약속, 그리고 그 약속을 지키기 위해 감수한 행정적 모험의 기록이다.

모든 시민을 위한
평등한 책상

광명은 배움이 누구에게나 평등해야 한다는 신념 아래, 2020년 전국 지자체 최초로 '장애인 평생학습도시'를 선언했다. 이는 시설 하나를 추가한 것이 아니라, 보편적 학습권을 제도로 보장한 것이다. 또한 전국 최초로 '평생학습지원금' 제도를 마련하여 50대 시민이 경제적 부담 없이 인생 이모작을 준비하고 자기 계발에 몰입할 수 있도록 뒷받침하고 있다.

평생학습의 완성은 제공되는 강좌의 목록보다, 시민의 실질적 참여 가능성 여부로 결정된다. 이는 학습 환경 접근성, 진행 속도, 내용 이해 방식의 평등성을 포함한다. 흔히 논의되는 '기회'는 종종 접근 장벽으로 인해 실질적 참여로 이어지지 못하며, 이러한 구조적 장벽을 제거하는 것이 행정의 핵심 역할이다. 그래서 평생학습 정책은 프로그램의 질 향상보다 학습 조건의 평등성 확보를 우선시해야 한다. 학습 조건 또는 환경의 평등성은 학습 내용과 장소, 시간과 같은 형식이 동일하다는 것을 의미하지 않는다. 접근 경로, 사용 도구, 학습 속도, 그리고 언어의 측면에서 공정해야 한다는 것을 목표로 한다.

광명시의 장애인 평생학습 정책은 2020년 9월, 시 직영 평생학습원 내에 전국 지자체에서 처음 장애인평생학습센터를 신설하며 시작되었다. 2019년 1월부터 전담 인력을 배치하여 해당 센터가 장애인 평생학습의 정책 및 운영 관제 기능을 수행하도록 기반을 구축했다. 이는 단순 강좌 확대를 넘어, 장애인을 설계 기준으로 설정하여 도시 학습 운영 시스템을 근본적으로 개선하는 방향이었으며, 모든 시민에게 보다 안전하고 체계적인 학습 환경을 제공하는 결과를 가져왔다.

제도가 오래 힘을 가지려면 마음가짐만으로는 부족했다. 정책이 흔들리지 않게 하려면, 권리가 말로만 남지 않도록 기준을 분명히 세워야 했다. 그래서 2019년 11월, '광명시 장애인 평생교육 지원에 관한 조례'를 만들고, 장애인 당사자와 가족, 전문가, 공무원이 함께하는 운영위원회도 꾸렸다. 이 조례는 교육을 '도와주는 일'에 그치지 않고, 도시가 반드시 책임져야 하는 '보장'으로 규정했다. 지원은 상황에 따라 줄었다 늘었다 할 수 있지만, 보장은 대상자 모두에게 적용되는 의무다. 이 차이가 장애인 평생교육을 '권리 정책'으로 또렷하게 만들어 준다.

2020년 4월 20일 장애인의 날, 광명시는 전국 최초로 '장애인 평생교육도시 선언문'을 선포했다. 이후 시는 장애 유형별 맞춤 프로그램 개발, 장애 공감 문화 조성, 지원 체계 구축 등 정책을 시정의 정규 사업으로 추진해 나갔다. 선언 후의 반복적인 실행은 예산과 제도의 구조화로 이어져 개인의 선의를 넘어 도시의 제도적 습관을 형성하게 되었다.

광명시는 2020년부터 국립특수교육원, 대구사이버대학교 등과 협력하며 장애인 평생교육 네트워크를 강화해 왔다. 아울러 교육부 국립특수교육원 '장애인 평생학습도시 운영 사업'에 4년 연속 선정되었다. 행정은 흩어진 지원을 지양하고 연결된 권리로 관리되는 시스템의 책임 중심 즉, 컨트롤타워 역할을 수행하며, 학습 환경 내에서 시민이 길을 잃지 않도록 지원체계를 구축하고 있다.

장애인 평생학습은 특별 정책이 아닌 보편적 학습 환경 구축의 시작에서 비롯했다. 장애인의 접근성을 고려한 공간, 속도를 조절하는 수업, 쉬운 언어로 바꾼 안내문 등은 모든 시민의 학습 참여를 높여주는 요소다. 장애인과 비장애인이 함께 배우고 교류하는 구조는 단순히 도덕적 선의에 기반한 것이 아니라, 시스템적으로 함께하도록 만드는 데 중점을 두었다. 이러한 시스템의 작동은 평생학습을 통해 시민을 정책의 대상이 아닌 동료로 전환하는 결과를 낳을 것이다.

배움의 차별은 장애에서만 생기지 않는다. 어떤 차별은 지갑에서, 나이에서, 생계의 무게에서도 시작된다. 특히 50대는 이상한 세대다. 사회가 가장 많이 기대하면서도, 가장 빨리 '내려오라'고 말하는 나이다. 자녀 교육과 부모 부양이 겹친다. 몸은 예전 같지 않은데 일자리는 불안해지고, '다시 시작'이라는 말이 갑자기 현실이 된다. 그런 까닭에 나는 배움의 평등을 이야기할 때, 장애인 평생학습과 함께 50대의 학습권도 같이 떠올려 봤다.

배움이 취미로 남을 수 있는 사람과, 배움이 생존의 조건이 되는 사람 사이에는 늘 보이지 않는 벽이 있다. 그 벽을 그냥 두고 "열심히 살자"라고 말할 수만은 없다. 그래서 광명은 '평생학습지원금'이라는 제도를 만들었다. 소득·계층 제한 없이 50세 광명시민에게 생애 1회 30만원의 평생학습이용포인트를 지급하는 정책이다.

광명시는 2023년 3월, 지방자치단체 최초로 관련 조례를 제정해 시행했다. 이 평생학습지원금은 수강료나 도서구입비 등에 쓸 수 있게 설계되어 있다.

어느 날은 이런 장면이 떠오른다. 한 지인이 "평소에 꼭 소장하고 싶었던 도서 전집을 마침내 샀다"며 환하게 웃던 얼굴. 그 뿌듯함은 단순한 소비의 만족이 아니라, '배울 권리'를 스스로의 손으로 확인하는 표정이었다. 나는 여기서도 '복지'라는 말보다 '학습권'이라는 말을 먼저 떠올린다. 돈이 없어 못 배우는 일이 생기지 않게, 배움의 문턱을 제도적으로 낮추는 일이기 때문이다. 배움이 삶의 전환점에 필요한 도구라면, 그 도구에 접근할 수 있어야 한다. 배움이 도시의 기반시설이라면, 그 기반시설은 일부만 쓰는 시설이 아니라 모두가 쓰는 시설이어야 한다.

이 제도는 시간이 지나면서 더 보편 쪽으로 움직이고 있다. 2025년에는 지원 대상을 50~59세로 확대해 더 많은 시민의 '인생 2막 준비'를 돕겠다는 계획이 공식적으로 설명된 바 있다. 여기서 중요한 건 확대 자체에 있지 않다. 도시가 배움을 '사치가 아니라 필요'로 인정하기 시작했다는 점이다. 도시가 인정하면, 시민은 죄책감 없이 배우게 된다. 배우고 싶지만 "내가 이 나이에?", "내가 이 형편에?" 하고 스스로를 검열하는 마음을, 제도가 조금 덜어줄 수 있다. 나는 그게 행정이 할 수 있는 가장 현실적인 존중이라고 생각한다.

결국 장애인 평생학습도시 선언과 평생학습지원금은 서로 다른 정책처럼 보이지만, 동전의 양 측면처럼 둘 다 '누가 배우는가'라는 질문에서 출발한다.

"배움에서 차별을 빼겠다."

그러기 위해서 한쪽은 '접근'을 보장하고, 다른 한쪽은 '지속'을 보장한다. 한쪽은 공간과 구조의 문턱을 낮추고, 다른 한쪽은 비용과 생계의 벽을 낮춘다. 도시가 그 질문을 끝까지 붙잡는 한, 배움은 복지가 아니라 주권이 된다. 시민은 언제든 다시 배우고 다시 설계할 수 있는 존재가 된다.

나는 평생학습을 내일을 만드는 장치이기에 평등해야 한다고 생각한다. 누구는 의자에 앉을 수 있고, 누구는 서 있어야 하는 교실이라면, 그 교실은 애초에 교육이 아니라 차별을 가르치는 곳이 된다. 광명은 그런 교실을 만들고 싶지 않았다. 그래서 문턱을 낮추고, 비용의 벽을 허물고, 조례라는 문장으로 권리를 고정했다.

배움이 평등해지면, 도시는 조용히 바뀐다. 시민이 스스로 선택한 배움은 스스로 선택한 삶으로 이어지고, 스스로 선택한 삶은 스스로 선택한 정치로 이어진다. 나는 그 연결을 믿는다. 차별 없는 배움은 그런 연유로 '따뜻한 정책'이기 전에 '정확한 민주주의'다. 평등한 책상은 결국, 모두가 같은 시민으로 앉는 자리다. 그 자리에서 광명은 조금 더 단단해진다.

학습이
자치가 되는 현장

민주주의는 투표에서 끝나지 않고 생각하는 습관으로 이어지며, 그 습관은 배움으로 자란다. 우리는 '광명자치대학'을 통해 시민이 마을의 문제를 직접 진단하고 해결책을 설계하는 리더로 성장하도록 했다. 또한 '느슨한학교'나 '마을배움터'처럼 도시 전체를 하나의 대학으로 활용하며, 카페나 공방 등 일상의 공간이 배움과 자치의 장소가 되는 실험을 이어가고 있다. 배움이 동아리로, 다시 협동조합과 자원봉사로 번지는 순간, 학습은 도시의 강력한 문제 해결 능력이 된다.

나는 도시가 시민에게 제공해야 할 인프라를 도로와 공원만으로 보지 않는다. 시민이 스스로 판단하고 토론하고 설계할 수 있게 만드는 학습의 구조, 그게 도시의 보이지 않는 기반시설이라고 본다.

광명자치대학을 시작할 때, 가장 먼저 버리고 싶었던 것은 '시민대학' 특유의 교양 강좌 이미지였다. 듣고 고개를 끄덕이고 집으로 돌아가는 수업은 도시를 바꾸지 못한다. 우리는 '지역 발전 혁신정책 의제'를 중심에 두

나는 이 도시에서 성장하고 있나?
광명자치대학

고, 그 의제에 맞춰 학과를 꾸렸다. 탄소중립, 마을공동체, 사회적 경제, 정원도시, 시민교육 같은 과목들은 내 동네의 문제를 내 손으로 다루게 만드는 도구가 된다. 그래서 토론·사례학습·워크숍 같은 방식으로 시민전문가를 길러 '현장 주민리더'로 조직화하는 모델을 만들었다. 배움이 곧 실천이고, 실천이 곧 정책으로 이어지는 길을 의도적으로 설계한 셈이다. 학생을 모으는 기준부터 원칙을 세워 나갔다. 이 기준은 '동네를 책임질 사람'을 찾는 일이었다. 입학 모집을 할 때도 우리는 단순히 '배우고 싶은 사람'을 찾지 않았다. 이웃과 함께 고민해서 동네 문제를 해결해보고 싶은 사람, 삼삼오오 모여 활동해 본 경험이 있는 사람, 경험이 없어도 지역에서 실천 가능한 활동을 알아보고 싶은 사람을 기준으로 삼았다. 모집인원도 학과별 25명, 총 125명으로 정해두고, 지원서의 논리력과 가독성까지 평가 기준에 넣었다. 누군가의 문제를 다루려면 그 문제를 설명할 수 있어야 하고, 설명할 수 있으려면 스스로 생각이 정리되어 있어야 한다. 그게 자치의 첫 단계다.

나는 가끔 입학식 날의 공기를 떠올린다. 시민들이 처음 모이는 자리에는 각자의 생활 온도가 그대로 들어온다. 누군가는 일터의 냄새를 묻힌 채 들어오고, 누군가는 아이를 재우고 급히 나오며, 누군가는 오래 참아온 질문을 품고 있는다. 광명자치대학은 그런 질문을 '민원'으로 끝내지 않고 '설계'로 바꾸는 연습장이어야 했다. 그래서 수업은 교실에서만 하지 않는다. 이론을 배우고 토론하고, 현장을 보며벤치마킹, 과제를 만들어 발표한다. 졸업식이 끝나면 성과공유회로 다시 모이고, 연중으로 후속 모임과 지역실천활동, 동문회 모임이 이어진다.

배움이 끊기는 순간, 자치도 끊긴다. 그 변화가 눈에 보이기 시작하면, 나는 시장으로서 묘한 안도감을 느낀다. "시가 해줄 거야"라는 문장이 조금씩 "우리가 해보자"로 바뀌는 순간이 있기 때문이다.

광명자치대학은 2023년부터 2026년까지 3년간 유네스코UNESCO 한국위원회로부터 '지속가능발전교육'ESD 공식 프로젝트로 인증을 받았다. 이 인증은 지속가능발전교육 사례를 널리 알리고, 한국형 모델을 국제사회에 소개하겠다는 목적을 갖고 있다. 광명자치대학의 인증 이유는 다양한 사회 쟁점을 다루는 주제에 깊이 있게 접근한 시민 대상 모범 프로그램으로 긍정적인 평가를 받아서다.

실제로 광명자치대학은 5년 차를 맞아, 4년간 290명의 졸업생을 배출했다. 그리고 그 졸업생들이 '학습에서 끝나지 않고 지역 실천으로 연결'되는 단계로 넘어가기 위해 통합연수 같은 장치도 만들었다.

어느 날은 시청 대회의실에 졸업생 70명이 모여 동문회 활성화를 두고 토론을 했다. 그들이 쏟아낸 아이디어가 인상적이었다. 사회적 경제 동아리 로드맵, 문화예술 봉사 같은 것들. 특히 '환경영화제 개최'나 '정책 제언' 같은 말이 나올 때, 나는 도시가 성장하는 소리를 들었다.

하지만 자치대학만으로는 부족하다. 정규 과정은 길을 내는 데 유효하지만, 도시는 교과서가 아니라 생활이다. 생활에는 틈이 있고, 그 느슨한 틈에서 배움은 더 잘 번진다. 나는 '느슨한학교'라는 이름이 좋은데, 느슨하다는 건 대충한다는 것과는 다르다. 단단한 규율이 아니라, 더 많은 사람이 들어올 수 있게 문턱을 낮춘다는 뜻이다.

'언제, 어디서나, 누구나' 삶의 경험과 지혜를 공유하는 시민주도 학습공동체. 이것이 광명식 평생학습 플랫폼의 핵심 설명이다. 시민의 재능기부와 학습공간 공유로 마을 곳곳에서 배움이 일어난다. 가게, 집, 작은도서

"우리의 꺼리, 다시 시작되는 이야기"
광명자치대학 졸업생 워크숍
2025. 8. 6. (수) 19시
평생학습원 404호
제1호 평생학습도시 광명
자치분권학과
사회적경제학과
정원도시학과
광명시 핵심의제
기후에너지학과

광명시 맛집은
어디에요?
안전교육
햇살반 약속

관, 상담센터, 도시재생센터, 카페 같은 일상의 장소가 교실이 된다. 이때 도시는 비로소 '하나의 대학'이 아니라 '수많은 학교'가 된다.

느슨한학교의 구조를 들여다보면, 이 실험이 얼마나 현실적인지 더 분명해진다. 공간을 열어주는 붙박이 느슨한학교공간기부형, 주제를 들고 움직이는 느슨한학교재능기부형, 공간과 재능이 함께 들어오는 우리가게 느슨한학교복합형. 이 세 갈래는 '배움이 생기는 조건'을 정확히 짚는다. 배움에는 장소가 필요하고, 내용이 필요하고, 둘이 만나야 오래간다. 그리고 그 만남을 행정이 대신 '제공'하지 않고, 시민이 '제안'하도록 만든다. 작은도서관의 책장 사이에서, 카페의 작은 테이블 위에서, 도시재생센터의 빈 벽 앞에서, 시민은 자기 삶을 교재로 삼는다.

이 느슨한학교도 2018년, 유네스코 지속가능발전교육 공식 프로젝트 인증을 받았다. 인증 기간은 약 3년2021년 7월까지으로, 당시까지 198개에 1,104명의 시민이 참여했다. 무엇보다 나는 그것을 보도한 기사의 문장 중 '하향식 교육에서 상향식 시민학습으로의 전환'이라는 표현이 마음에 남는다. 도시는 위에서 설계도를 내려 보내는 곳이 아니라, 아래에서 생활의 도면이 올라오는 곳이어야 한다.

여기에 마을배움터가 붙으면, 배움은 더 세밀해진다. 권역별실무위원회가 시민과 소통해서 5개 권역의 특성과 의제를 담아 프로그램을 열고, 생활권 안의 유휴공간과 야외학습을 활용한다. 기록을 보면 2024년 권역별 마을배움터는 5개소에서 총 30개 강좌를 192회 운영했고 392명이 참여했다. 2023년에는 32개 강좌 254회, 368명이 참여했다. 여기에는 중요한 의미가 있다. '시청까지 가지 않아도' 배움이 시작된다는 뜻, '배움이 특별한 이벤트가 아니라 동네 일정표로 들어왔다'는 뜻이다.

한편, 배움이 동아리로 번질 때 자치는 진짜 힘을 가진다. 학습동아리는 성인 학습자들이 자발적으로 모여 정기적으로 만나 학습과 토론을 이어가는 지역학습공동체라고 정의되어 있다. 결성 요건도 구체적이다. 광명시민 70% 이상, 성인 학습자 6명 이상_{정책적 배려대상은 4명} 같은 기준이 있다. 정치·종교·사업 목적은 등록이 안 되고, 순수한 학습과 토론이 중심이어야 한다. 그러니까 이 구조는 '친목'을 배움으로 착각하지 않게 만드는 최소한의 안전장치다. 정규 동아리가 되면 모임방 대관, 강사비·교재비·홍보비 같은 지원 공모사업, 학습 파견_{가가호호} 프로젝트, 평생학습축제 체험 부스 같은 확장 기회가 붙는다. 배움이 '실내 취미'로 갇히지 않고 '공적 활동'으로 이어지게 만드는 사다리다.

행정이 해야 할 일은 이 사다리를 튼튼하게 유지하는 일이다. 지원이란 '대신해주는 것'이 아니라 '이어지게 해주는 것'이어야 한다. 그 일환으로 동아리 지원사업 공고 같은 건 액수까지 공개된다. 2025년 학습동아리 지원 공모사업 예산으로 총 3,200만 원이 배정되었고, 강사비·재료비·홍보비 등 활동비도 지원한다. 물론 예산 규모만으로 공동체가 만들어지진 않는다. 하지만 이런 설계가 없으면, 좋은 의지는 늘 개별 활동가들의 열정으로만 소모된다. 나는 도시가 시민의 열정을 착취하지 않길 바란다. 열정이 소진되지 않게 구조를 만들고, 그 구조가 다시 자치로 이어지게 하는 것—그게 '학습이 자치가 되는' 가장 현실적인 방식이다.

결국 내가 광명에서 하고 싶었던 건 하나다. 시민을 '참여자'로 남겨두지 않고 '결정하는 사람'으로 세우는 일. 그 결정은 어느 날 갑자기 생기지 않는다. 공부하고, 토론하고, 실험하고, 실패를 복기하고, 다시 제안하는 과정 속에서만 단단해진다.

광명자치대학은 그 과정을 정책 의제와 연결해 시민 리더를 길러내는 길이고, 느슨한학교와 마을배움터는 그 길을 동네 골목으로 확장시키는 방식이다. 배움이 카페의 테이블로 내려오고, 공방의 작업대로 옮겨가며, 작은도서관의 의자로 스며드는 순간, 도시는 더 이상 행정이 운영하는 시설이 아니라 시민이 운영하는 삶이 된다. 그렇게 배움이 동아리로 성장해 동아리가 협동조합이 되고, 자원봉사를 하며, 정책 제언을 할 때에야 비로소 민주주의는 투표함을 떠나 생활이 된다.

이제 광명의 평생학습은 한 단계 더 나아가려 한다. 배움은 개인의 취미로 끝나
면 가볍지만, 공동체로 번지면 무겁고 단단해진다. 우리가 읽어야 할 가장 거대
한 텍스트인 무너지는 계절과 기후 위기 앞에서 도시는 어떤 문장을 선택해야 할
까? 다음 장에서는 학습된 시민이 어떻게 기후 의병이 되어 도시의 생존 전략인
탄소중립을 이끌어가는지 살펴볼 것이다.

wang eong's
ward rbon N
Park Seung Won
국내·외 상호결연도시와 함께하는
2024 광명시 탄소중립 국제포럼
Gwangmyeong Carbon Neutral International Forum 202

제3장

탄소중립

미래를 빌려 쓰지 않는
도시의 생존 전략

탄소중립 정책은 도시라는 거대한 배가 '침몰하지 않기 위해 물을 퍼내는 일'인 동시에, '엔진을 친환경으로 교체하는 과정'이다. '기후의병'이라는 이름의 시민이 각자의 자리에서 작은 바가지로 물을 퍼내고, 행정이 배의 엔진 설계를 근본적으로 바꿀 때, 우리는 비로소 기후위기라는 거친 파도를 넘어 안전한 미래에 닿을 수 있다.

삶의 방식이 흔들리는 사건,
기후위기

여름이 예전 같지 않다. 비는 한 번에 쏟아지고, 바람은 계절의 약속을 어기고 있다. 나는 기후위기를 단순한 '환경 문제'로 부르는 것이 늘 불충분하다고 느낀다. 이것은 인류가 스스로 만든 삶의 방식이 무너져 내리는 과정이자, 우리 아이들의 세대가 살아갈 미래를 지키는 실존적 생존의 문제이기 때문이다. 따라서 광명의 탄소중립은 화려한 캠페인이 아니라 예산, 계획, 생활을 전면 재설계하는 도시 운영의 새로운 표준이 되어야 한다.

기상청이 2025년 여름을 정리하면서도 '이른 더위'와 '국지적으로 단시간에 강한 비가 집중'된 양상을 반복해서 설명한다. 경기도 일부 지역에서 40℃를 넘긴 기록, 전국적으로 200~700mm 수준의 매우 많은 비, 호우 긴급재난문자 발송이 수백 건에 달했다는 표현들. 이런 문장들은 뉴스의 보도문뿐만이 아니라, 우리가 살고 있는 시대의 사건이다.

기후위기를 환경 문제로만 생각하면 무언가 부족해 보인다. 환경 문제라고 부르면, 해결책이 분리수거와 캠페인 정도로 생각되기 쉽다. "조금 불편해도 참자"는 관용의 문제로 바꾸기 쉽다. 하지만 지금 벌어지는 일은 관용의 영역을 넘어선다. 이건 우리가 스스로 만들어 놓은 삶의 방식이 흔들리는 사건이다.

여름의 노동시간이 바뀌고, 아이들이 뛰노는 일과가 바뀌고, 노인의 건강이 바뀌고, 도로와 하수관로가 감당해야 할 기준이 바뀌고, 집의 냉난방비가 바뀐다. 기후가 바뀌면 '생활'이 바뀌고, 생활이 바뀌면 결국 도시의 질서가 바뀐다. 그러니 기후위기는 '환경'의 위기가 아니라 '실존'의 위기다. 내가 여기서 실존이라고 부르는 건 거창한 철학이 아니다. '내일도 오늘처럼 살 수 있느냐'라는 질문이다. 우리 아이들의 세대가 '미래'라는 단어를 빚처럼 떠안고 사는 게 당연해지느냐는 질문이다.

기후위기를 실존의 위기라고 말하면, 책임이 갑자기 무거워진다. 사람들은 그 무게를 피하려고 "원래 날씨가 그렇지" 같은 말로 자기 마음을 달랜다. 하지만 통계와 관측은 마음을 달래주지 않는다. 정부·연구기관이 정리한 한반도의 미래 시나리오들에는 폭염과 극한강수가 더 잦아지고 더 강해진다는 예측이 반복된다. 심지어 온실가스를 지금처럼 배출하면 세기말 폭염일이 크게 늘어날 수 있다는 보도도 나온다. 기후변화를 다룬 국내 공공 연구 보고서들도 1.5℃와 2℃ 사이에서 폭염 같은 극한현상의 강도와 빈도가 달라진다고 강조한다. 단지 '덥다/덜 덥다'의 문제가 아니라, 재난의 밀도와 피해의 형태가 바뀐다는 뜻이다.

도시의 역할은 그래서 중요하다. 기후위기는 국가만의 의제로는 해결되지 않는다. 국가가 큰 방향을 잡아도, 시민이 매일 살아가는 공간은 결국 도시다. 주차장과 버스정류장, 학교 앞 그늘, 하천 옆 산책로, 아파트 단지의 열섬, 골목의 배수로, 건물의 단열, 지역경제의 이동거리. 기후는 이 모든 것을 통해 사람의 몸에 도착한다. 그렇기에 탄소중립을 '좋은 일' 정도로 취급하면 안 된다. 탄소중립은 선택 가능한 선행일 수 없고, 도시가 무너지지 않도록 반드시 해야 하는 구조조정이다. 어떤 사람에게는 '절약'으로 보이겠지만, 도시 전체로 보면 '생존'이다.

나는 탄소중립을 배에 비유하곤 한다. 도시라는 거대한 배가 기후위기라는 거친 바다를 건너는 중이라고 생각해보면, 지금 우리는 두 가지 일을 동시에 해야 한다. 하나는 이미 새어 들어오는 물을 퍼내는 일이다. 폭염과 폭우가 일상이 될 때, 도시가 당장 해야 하는 적응의 일들—취약계층 보호, 열섬 완화, 물관리, 재난 대응 체계—은 물을 퍼내기다. 다른 하나는 배의 엔진 교체다. 에너지와 건물과 교통의 구조를 바꾸지 않으면, 물을 퍼내는 속도보다 물이 차오르는 속도가 더 빨라진다. 엔진을 바꾼다는 말은, '편리함을 조금 줄이자'가 아니라 도시의 기본 설계를 다시 그리자는 말이다.

여기서 탄소중립은 계획이고, 계획은 결국 예산이 된다. 예산이 따라오지 않는 탄소중립은 캠페인 구호로 남는다. 나의 결론은 "광명의 탄소중립은 화려한 캠페인이 아니라 예산과 계획과 생활을 전면 재설계하는 도시 운영의 새로운 표준이어야 한다"는 쪽으로 자꾸 돌아오게 된다.

광명은 2023년 7월 '2050 탄소중립도시'를 선포하면서 6대 추진전략과 100개 과제를 제시했다. 이건 상징적인 선언이기도 했지만, 동시에 도시 운영체제를 바꾸겠다는 선언이어야 했다. 그리고 그 선언을 실천으로 고정시키는 목표도 분명히 했다. 2030년까지 2018년 대비 40%에 해당하는 온실가스 감축44만 톤을 추진하겠다는 내용은, 기후위기를 기분이 아니라 계획으로 다루겠다는 뜻이다.

2025 기후의병 토론회
기후의병, 우리 앞으로 뭐할까?
GWANGMYEONG

여기까지 오면 기후위기의 본질이 더 적나라해진다. "지금 방식으로는 오래 못 간다"는 경고다. 도시가 이 경고를 무시하면, 결국 시민이 몸으로 비용을 치른다. 더운 날은 돈 있는 사람에게는 냉방비의 문제지만, 돈 없는 사람에게는 생존의 문제가 된다. 큰비는 어떤 동네에는 불편이어도, 어떤 동네에는 집이 잠기는 붕괴가 된다.

기후위기는 늘 평균으로 오지 않는다. 불평등의 모양으로 온다. 그래서 나는 기후위기를 이야기할 때마다 환경의식이라는 말보다 권리라는 말을 더 떠올린다. 안전하게 숨 쉴 권리, 안전하게 이동할 권리, 안전하게 잠잘 권리. 그 권리가 기후 앞에서 흔들리고 있다.

이 실존의 위기 앞에서 도시는 어떤 선택을 해야 할까. 나는 최소한 기후위기를 개인의 실천으로만 축소하면 안 된다고 생각한다. 개인의 실천은 물론 중요하지만, 그것이 전부가 될 수 없다. 도시가 먼저 구조를 바꿔야 한다. 탄소중립은 시민이 덜 고통스럽게 바뀔 수 있는 조건을 설계하는 행정의 한 부분이어야 한다.

아울러 나는 한 가지를 더 확신하게 된다. 기후위기는 결국 학습의 문제이기도 하다는 것. 기후를 단지 불쾌한 날씨로만 생각하면, 우리는 대응을 그때그때의 처방으로만 한다. 그러나 기후를 삶의 방식이 흔들리는 사건으로 본다면, 해결책도 바뀐다. 무엇을 줄일 것인가가 아니라, 무엇을 바꿀 것인가로 바뀐다. 생활의 편의를 조금 포기하는 차원보다, 도시의 편의가 어떤 비용 위에 세워졌는지 다시 따져 묻는다. 이 질문을 시민이 함께 품기 시작할 때, 탄소중립은 홍보가 아니라 정치가 된다. 그리고 그 정치가 예산과 계획으로 내려앉을 때, 도시는 비로소 생존 전략을 갖게 된다.

나는 지금 이 글을 쓰면서도 기후위기를 과장하고 싶지 않다. 반대로 기후위기를 축소하고 싶지도 않다. 우리가 겪는 폭염과 폭우의 방식이 바뀌고 있다는 관측은 이미 충분히 구체적이다. 광명이 2050 탄소중립을 말하며 2030 중간목표와 실행 과제를 붙인 이유도, 이 위기를 표준의 문제로 다루기 위해서다.

기후위기는 우리에게 이렇게 묻고 있다. '너희는 미래를 빌려 써도 되는 삶을 계속 살 거냐, 아니면 미래를 담보로 잡지 않는 방식으로 현재를 다시 설계할 거냐.' 나는 후자를 선택하는 도시가 되어야 한다고 믿는다. 탄소중립은 아름다운 슬로건이 아니다. 도시가 아이들에게 줄 수 있는 가장 정직한 약속이다.

"우리는 미래 세대의 시간을 빌려 쓰지 않겠다."

이 약속이 말로만 남지 않으려면, 이제부터의 도시 운영은 달라져야 한다. 계획이 달라져야 하고, 예산이 달라져야 하며, 건물과 교통과 에너지의 방식이 달라져야 한다.

그 변화가 불편을 동반하더라도, 불편보다 더 큰 붕괴를 피하려면 어쩔 수 없다. 실존의 위기 앞에서, 도시가 할 수 있는 가장 현실적인 선택이 바로 그 변화다.

기후 에너지를
행정의 중심으로

기후위기는 실제로는 일상 속 작은 불편으로 먼저 온다. 나는 그 불편을 행정의 주변에 놓아두지 않으려고 했다. 도시가 계속 살아가려면 반드시 대처해야 하는 일이라고 믿어서다.

2017년으로 기억한다. 그때 나를 비롯하여 다양한 연령대를 가진, 직업도 삶의 리듬도 다른 시민 49명이 '에너지시민기획단'으로 모였다. 도시의 에너지 현황을 함께 듣고, 2030을 목표로 한 지역 에너지 계획의 방향과 비전, 단기 실행계획을 논의했다. 그때 나는 기후와 에너지는 기술의 문제를 떠나 '결정권의 문제'임을 깨달았다. 또한 누가 무엇을 선택하느냐가 곧 탄소의 무게를 바꾸고, 그 무게가 다시 도시의 삶을 바꾼다는 것을 배웠다.

시장이 되어 실제 시정을 운영하면서, 나는 기후문제를 캠페인쯤으로 취급하지 않기로 했다. 그동안 기후위기는 '민간이 알아서 실천하면 되고, 정부는 구호와 홍보만 하면 된다'는 풍토 속에 방치되어 왔다.

위기는 결코 선의만으로 줄어들지 않는다. 나는 대응 조직을 만들고, 행정이 책임지고 움직이는 구조로 대처하려 했다. 그래서 전국 지방정부 최초로 기후위기 문제를 전담하는 부서, 기후에너지과를 만들었다. 당연히 반응은 엇갈렸다. "에너지는 한전이 하는 일 아니냐", "환경은 다른 부서 협조 받아서 하면 된다"는 말도 나왔다. 나는 되물었다. 폭염이 복지이고, 홍수가 도시계획이고, 에너지 요금이 민생인데—이걸 '다른 누군가의 일'이라고 밀어놓을 수 있는가?

기후는 모든 부서의 일이 될 수밖에 없으므로 전담 부서가 필요했다. 전담 부서는 '혼자 하라고' 만든 게 아니라, 다른 모든 부서가 자기 일 속에서 기후를 보도록 하기 위해 존재한다.

조직을 만들었으면, 그 조직이 혼자 달리지 않도록 다리를 놓아야 한다. 2020년 5월 18일, 지역 에너지 계획을 전문적이고 효율적으로 추진하는 중간지원조직인 '광명시 1.5℃기후의병지원센터기후에너지센터'를 열었다. 법과 조례의 근거 위에 세운, 민·관 협치의 작업대였다. 행정기관과 민간단체, 시민이 협력하는 구조를 만들고, 에너지자립마을과 에너지협동조합을 지원하며, 기후에너지 교육과 홍보를 관리하는 기능까지 담았다. 말하자면, 도시가 탄소중립을 '홍보 포스터'로만 보지 않게 하는 장치였다.

물론 조직과 센터만으로는 부족하다. 도시를 움직이는 건 결국 예산이다. 예산은 동시에 가치의 지도다. 무엇에 먼저 돈을 쓰느냐가, 무엇을 중요하다고 여기는지 그대로 드러낸다. 그래서 나는 '기후예산제'라는 이름으로 예산의 방향을 다시 잡으려 했다. 모든 사업과 세부 예산이 온실가스를 줄이는 쪽으로 기울어져 있는지, 아니면 배출을 키우는 쪽으로 기울어져 있는지, 그 경사를 보자는 제도다. 광명은 '온실가스감축인지 예산제'를 시범 작성하고, 2024 회계연도 예산서를 발간한 뒤 2025년 본예산 편성부터 본격 반영하고 있다.

2024년 기준 광명시 전체 예산 1조 2,483억 원 가운데 기후예산으로 분류된 건 798억 원5.8%, 2,101개 세부사업 중 온실가스 감축 관련 사업은 122개로 정리됐다. 감축효과를 정량적으로 파악할 수 있는 32개 사업의 예상 감축량은 4,224tCO₂eq로 집계됐다.

이 수치들은 단순한 노력의 기록이 아닌, 구체적인 감축 성과를 객관적으로 입증한다. 그리고 기후예산제도는 행정으로 하여금 구체적인 정책 결정 기준을 마련하게 했다. 예를 들어, 도로포장 시 단기적 비용 효율성 대신 장기적 배출 저감 소재를 선택할 것인지와 같은 가치 기반의 선택을 실행하도록 제약하는 역할도 한다.

이렇게 예산의 심장을 바꾸는 일과 함께, 나는 도시의 '건물'이라는 몸통도 바꾸고 싶었다. 광명은 여유 부지가 넉넉하지 않다. 그렇다면 답은 더 분명해진다. 새로 짓기보다, 이미 있는 것을 바꿔야 한다. 특히 공공건축물부터 바뀌어야 한다. 시청이 먼저 하지 않으면서 시민에게만 절약을 말하는 건, 너무 안이한 행정 태도다.

나는 공공건축물 그린리모델링과 제로에너지 건축을 행정의 주요 의제로 끌어올렸다. 단열 보강과 창호 교체, 노후 설비를 바꾸는 일은 겉으로는 소박하지만, 도시의 탄소를 꾸준히 줄이는 가장 현실적인 방법이다. 광명시 건물에너지 플랫폼에도 이런 그린리모델링 사업의 내용과 추진이 담겨 있다.

나는 특히 전기를 쓰는 시설이 전기를 만드는 시설로 바뀌는 순간이 인상 깊었다. 시립소하어린이집 사례가 그렇다. 그린리모델링을 통해 에너지

2024 탄소중립 포럼
식탁 위
탄소 다이어트
2조

효율을 높이고, 옥상과 옥외에 태양광을 설치해 연간 9만 6,897kWh의 에너지를 생산한다. 그 건물이 1년에 필요한 에너지7만 3,971kWh보다 더 많이 만든다. 에너지자립률 131%. 건물은 에너지 소비자에서 생산자가 된다. 아이들이 뛰노는 공간이, 동시에 탄소중립을 실험하는 공장이 되는 셈이다. 나는 이런 장면이 좋다. 탄소중립이 도덕 교과서를 벗어나, 생활의 구조로 들어오는 순간이기 때문이다.

에너지 전환은 공공시설만으로는 완성되지 않는다. 시민이 직접 생산자가 되지 않으면, 탄소중립은 결국 '정책 수혜'로만 남는다. 광명에서는 시민이 주체로 참여하는 에너지협동조합을 키웠다. 2019년 11월에 설립된 광명시민에너지협동조합은 '광명시민햇빛발전소'를 공공부지에 세워 운영해 왔다. 광명도서관 옥상1호기에서 시작해 하안도서관, 시민체육관 주차장, 하안배수펌프장, 광명5동 행정복지센터, 광명동굴 제2주차장까지 6기를 차근차근 늘렸다. 각 발전소의 용량과 연간발전량 같은 데이터가 공개되어 있다는 건 중요하다. 운영 중인 사업인 까닭이다.

여기에 2021년 설립된 광명시민전력협동조합이 더해졌다. 재활용품선별장1~5호기, 국민체육센터6호기, 보건소7호기, 시립노인요양센터8호기 등 8기의 태양광발전소를 구축·운영한다. 이 조합의 연간발전량은, 8기 기준 연간 91만 kWh 안팎에 이른다.

시민에너지협동조합 6기와 시민전력협동조합 8기를 합치면 14기다. 단순한 덧셈이지만, 도시의 의미로는 큰 변화다. 시민의 역할이 전기를 받아서 쓰는 시민에서 함께 만들어 파는 시민으로 바뀌었다. 나는 이 변화도 민주주의의 한 형태라고 생각한다.

이 과정에서 '기후예산제'는 협동조합의 실험을 행정의 제도와 연결해 준다. 그린리모델링은 공공이 먼저 몸을 바꾸는 방식으로 신뢰를 쌓는다. 기후에너지센터는 행정과 시민 사이를 잇는 접착제가 된다. 그리고 전담부서는 그 모든 것을 일회성으로 끝내지 않게 만든다. 나는 이런 구조를 선언에서 실행으로 옮겨가는 길이라고 부른다. 선언은 누구나 할 수 있다. 실행은 조직을 만들고, 예산을 바꾸며, 데이터로 확인해서 시민의 손에 발전소를 쥐어주는 일이다.

나는 종종 생각한다. 기후위기 앞에서 도시가 할 수 있는 가장 강한 말은 무엇일까. "우리는 탄소중립을 하겠다"가 아니라, "우리는 이렇게 바꾸고 있다"일 것이다. 2,101개 세부사업을 다시 들여다보고, 798억 원을 기후예산으로 분류하며, 감축량을 $4,224tCO_2eq$로 계산해내는 일. 어린이집을 에너지 생산형 건물로 바꾸는 일. 시민이 출자한 발전소가 14기로 늘어나는 일. 이런 문장들은 바람에 흩어지지 않는다. 구체적으로 문서와 장부에 남고, 지붕 위 패널로 남는다.

무엇보다, 이 모든 과정은 시민을 참여자로만 두지 않는다. 시민을 운영자로 만든다. 내가 시민과 함께 시작한 에너지시민기획단의 장면이, 몇 해를 돌아 협동조합의 발전소와 기후예산서의 보고서로 이어지는 걸 볼 때마다, 나는 행정이 할 수 있는 최고의 일은 결국 시민의 능력을 키우는 것임을 재확인했다. 도시의 생존 전략은 행정 혼자서 만들 수 없다. 생존은 협업이고, 기후는 공동의 숙제다. 나는 그 숙제를 행정의 중심으로 옮겨두었다. 이제 그 중심이, 시민의 일상 속에서 계속 돌아가길 바란다.

조직된 시민의 힘
'기후의병'

탄소중립을 이야기할 때 나는 특정한 숫자부터 떠올린다. '2050' 같은 목표 연도도 중요하지만, 그보다 더 날카로운 숫자가 하나 있다. 1.5℃. 이건 환경 캠페인의 구호가 아니라, 인간이 살아남을 수 있느냐 없느냐를 가르는 마지노선에 가깝다.

광명시 1.5℃기후의병지원센터는 지구 온도가 1.5℃까지 올라가면 적도 지역에서 인간 생존 한계온도35℃를 넘길 수 있다는 식으로 이 경계선을 설명한다. 그래서 1.5℃는 불편하지만 감수할 만한 변화에서, 되돌리기 어려운 생존의 문턱으로 바꿔진다.

행정은 습관적으로 위기를 '사업'으로 바꾸려 한다. 사업계획서로 만들고, 예산 항목으로 분해하며, 부서별로 나누면서 실적표로 관리한다. 필요하다. 행정이 그 일을 하지 않으면 도시는 굴러가지 않는다. 하지만 기후위기는 그 방식만으로는 막을 수 없다.

탄소는 보고서에서만 줄지 않는다. 줄어드는 건 결국 생활에서다. 누가 텀블러를 들고 다니고, 누가 분리배출을 끝까지 하는가, 또한 누가 엘리베이터 대신 계단을 택하고, 누가 '오늘은 좀 귀찮지만 그래도'라는 마음을 한 번 더 꺼내드느냐의 그 작은 결정들이 모여서 세상이 움직인다.

생활을 생각한다면 탄소중립을 행정에게만 맡겨두면 안 된다. 탄소중립은 행정이 시민에게 주는 서비스가 아니라, 시민이 도시와 함께 만드는 체력이어야 한다. 시민이 정책의 수혜자에 머무르면, 위기는 늘 남의 일이 된다. 반대로 시민이 위기 대응의 주체가 되면, 탄소중립은 나의 습관이 된다.

광명은 시민을 그냥 참여자로 부르지 않고, 조금 센 단어 하나를 꺼내 들었다. '기후의병'. 의병이라는 말에는 '명령받지 않고 스스로 나선다'는 뜻이 들어 있다. 국가가 지키지 못한 순간, 민초가 먼저 몸을 던졌던 역사적 기억이 있다. 그 기억은 지금 기후위기 앞에서도 유효하다. 누가 지켜주기를 기다리기엔 너무 늦었고, 누가 대신 싸워주기엔 이 싸움이 너무 일상적이기 때문이다.

광명은 '지구온도 1.5℃ 상승을 막는다'는 뜻으로 '1.5℃ 기후의병'을 브랜딩했고, 탄소중립 생활을 실천하거나 실천할 계획이 있는 시민을 모집해 함께 활동한다. 여기서 중요한 건 '행동을 이미 완벽하게 하는 사람만 오라'가 아니라, '함께 연습하자'는 자세다. 기후의병은 선발된 소수가 아니다. 이건 도시 전체가 학습하는 방식이다. 기후를 교과서로 읽지 않고, 내 손과 내 발로 읽는 방식이다.

그 결과는 다음 지표로도 확인된다. 2025년 11월, 광명시 기후의병 가입이 '1만 6,000명'을 돌파했다. 단지 '많다'는 사링에 그치지 않는다. 1만 6,000명이라는 건, 이 도시에서 '기후위기는 남의 일이 아니다'라고 말하는 사람이 그만큼 늘어났다는 뜻이다. 가입이라는 행위는 사소해 보여도,

사실은 도시가 자기편을 정하는 순간이다. 나는 그 숫자를 볼 때마다 시민이 스스로 움직이기 시작했다는 쪽에 더 마음이 간다.

가입자 수만으로는 도시가 바뀌지 않을 수 있다. 조직된 힘은 구조가 있어야 유지된다. 사람의 결심은 쉽게 마르고, 생활은 늘 바쁘며, 위기는 매일 새롭다. 이를 반영해 광명은 '기후의병'을 감정의 운동으로만 두지 않으려 했다. 대신 일상을 붙잡는 장치를 만들었다. 그 장치의 이름이 참 솔직하다. 탄소저금통. 탄소를 줄이면 포인트가 쌓이고, 그 포인트가 지역화폐로 돌아온다. 기후의병 탄소저금통은 탄소중립과 지역경제 활성화를 함께 이루기 위해 구성됐고, 광명사랑화폐 충전 방식으로 연간 1인 최대 10만 원까지 지원한다.

나는 이 장치를 '보상'이라기보다 '환급'이라고 생각한다. 시민이 도시를 위해 줄인 탄소는 도시 전체의 비용을 줄인다. 폭염 대응, 침수 대응, 건강 피해, 에너지 비용, 재난 복구… 이런 것들은 결국 세금과 예산으로 돌아온다. 시민이 줄여준 탄소는 공공의 부담을 덜어주는 공공의 노동이다. 그런데 그 노동이 늘 착한 마음으로만 소비되면 오래 못 간다. 선의는 소진되고, 도덕은 피로해진다. 광명은 시민의 실천이 '허공으로 사라지지 않게' 만들고 싶다. 실천이 눈에 보이게, 손에 잡히게, 그리고 지역경제 안에서 다시 순환하게. 그게 탄소저금통의 철학이다.

물론 어떤 사람은 이렇게 말할 수 있다.

"좋은 일을 돈으로 환산하는 순간, 선의가 거래가 되는 거 아니냐."

나는 그 질문이 유효하다고 본다. 기후 정책이 '포인트 사냥'이 되면 내용이 가벼워질 수 있다. 그러므로 제도는 설계가 중요하고, 부정청구 같은 문제에 단단히 대응해야 한다. 실제로 지원센터 공지에도 부정한 신청이

제도의 신뢰도를 떨어뜨릴 수 있어 환수 조치를 안내했다. 나는 이런 경고 문이 오히려 건강하다고 생각한다. 시민을 믿되, 제도는 시민의 믿음을 배반하지 않게 설계해야 한다. 그래야 이 운동이 오래 간다.

탄소저금통의 실천 항목은 결국 생활의 디테일로 내려간다. 다회용컵텀블러 사용, 장바구니 사용, 내 그릇 사용, 분리배출 같은 것들이 단지 '착한 행동'이 아니라 '도시의 정책'이 되는 순간이다. 이런 실천을 인증하면 포인트를 주고, 그 포인트는 지역화폐로 지급된다는 식으로 제도가 안내되어 왔다. 여기서 나는 행정의 가장 중요한 역할을 본다. 행정이 해야 할 일은 시민의 좋은 습관이 지속 가능하도록 도와주는 것이다. 시민의 선의를 "감사합니다"로만 끝내지 않고, '계속할 수 있게' 만드는 것. 그런 의미에서 포인트는 도덕의 가격표가 아니라, 지속의 연료다.

기후의병조직 조직은 습관의 네트워크다. 혼자 할 때는 귀찮아서 포기하는 일도, 함께하면 계속된다. 예컨대 지원센터는 기후의병의 주기적 활동으로 '줍킹데이' 캠페인을 소개하면서, 매월 11일을 기후의병 줍킹데이로 운영한다고 설명한다. 이런 리추얼은 단순한 이벤트가 아니라, 도시가 스스로에게 보내는 리마인더다. "우리가 잊지 말자", "우리가 계속하자"는 그 반복이 쌓여서 '문화'가 된다.

광명이 선도적으로 시작한 이러한 정책은 경기도로 옮겨가 '경기도 기후 행동 기회소득'이라는 정책으로도 확장되었다. 그리고 이 운동은 계속 개편되고 업데이트된다. 제도는 고정하면 죽는다. 생활이 바뀌면, 항목도 바뀌어야 한다. 실제로 2025년 말 탄소저금통 사업이 종료되고, 2026년도 항목 개편을 위해 시민 의견을 모으고 있다.

나는 이 과정이 중요하다고 본다. 시민이 참여하는 건 실천에서 끝나면 절반이고, 설계까지 들어오면 완성이다. 어떤 실천이 실제로 가능했는지, 어떤 항목은 현실을 몰랐는지, 어떤 방식이 더 공정한지 등의 피드백이 제도를 더 단단하게 만든다. 그리고 그렇게 단단해진 제도는 시민을 더 오래 머물게 만든다.

탄소중립은 공무원의 추진 의지만으로 안 된다. 광명시 공무원은 1,200명이고, 시민은 30만 명이다. 위기의 크기 앞에서 행정은 도구일 뿐이다. 진짜 힘은 생활에서 나온다.

광명이 기후의병을 만든 건 시민에게 부담을 떠넘기려는 게 아니라, 시민에게 권한을 돌려주기 위해서다.

"당신이 하는 작은 실천이 도시의 정책이 된다."

그 문장을 실제로 작동시키려는 취지다. 1만 6,000명의 기후의병은 개개의 사람이면서 동시에 풍경이다. 비 오는 날 우산을 들고 분리배출을 하는 사람의 풍경, 텀블러를 들고 카페에 들어가며 '괜히 뿌듯한' 마음을 갖는 사람의 풍경, 아이에게 "이건 여기, 저건 저기"를 설명하는 부모의 풍경, 동네를 걸으며 쓰레기를 줍는 사람의 풍경. 나는 그 풍경이 도시의 미래를 바꾼다고 믿는다. 기후위기는 거대한 적이지만, 그 적은 매일의 사소함으로만 이긴다.

광명은 기후의병이라는 이름으로 시민을 세웠고, 탄소저금통이라는 장치로 그 시민의 마음이 오래 타도록 불을 지폈다. 나는 이 도시가 친환경도시라는 칭찬을 듣기 위해 이 일을 한다고 생각하지 않는다. 우리는 칭찬이 아니라 생존을 선택하고 있다. 생존은 늘, 조직된 생활에서 나온다. 시민이 조직된 힘으로 위기에 맞서는 도시. 그게 내가 꿈꾸는 광명이고, 그 꿈은 이미 1만 6,000명의 이름으로 현실이 됐다.

기업과 함께 만드는
광명형 ESG 액션팀

우리는 기업 및 공공기관과 협력하는 'ESG 액션팀'을 최초로 만들었다. 기아자동차, 농협 등과 함께 탄소중립 기금을 조성하고 사회적 가치를 실현하고 있다. 이재명 정부가 지향하는 국민주권이 국가 시스템의 거대한 혈관을 뚫는 일이라면, 광명의 시민주권은 그 혈액이 모세혈관 끝까지 돌게 하는 실천이다. 우리는 환경 보호가 새로운 산업과 일자리가 되는 순환 경제 생태계를 완성해 나가고 있다.

ESG는 환경Environmental·사회Social·지배구조Governance의 첫 글자를 묶은 말이다. 환경E은 기후변화와 오염 같은 위험 앞에서 '누가 책임을 질 것인가'를 묻고, 사회S는 노동·안전·인권, 지역사회와의 관계에서 '누가 배제되는가'를 물으며, 지배구조G는 기업 윤리와 투명성, 의사결정의 통제에서 '권력이 어떻게 감시되는가'를 묻는다. 결국 ESG는 도시와 기업이 오래 살아남기 위한 생존의 문제로 남아 있다.

도시가 먼저 구조를 만들지 않으면 ESG는 기업과 행정이 소통 없이 별개로 진행하게 된다. 행정은 기업을 지원 대상이거나 규제 대상으로 부르는 습관이 있고, 기업은 행정을 허가권자나 절차의 벽으로 보는 습관이 있다. 이 습관이 지속되면 도시는 굵은 동맥만 남고 모세혈관이 막힌다. 큰 투자와 큰 개발만 통과하고, 생활권의 숨은 문제들은 끝까지 도달하지 못한다. 나는 그 막힌 모세혈관을 다시 열고 싶었다. 시민주권이란 구호에 머물지 않는 작동이어야 하고, 작동은 늘 생활의 끝단에서 시작된다. 그러한 믿음으로 우리는 민관이 함께 움직이는 '광명 ESG 액션팀'을 만들었다. 광명시와 지역의 공공기관, 기업이 한 테이블에 앉아 지역자산이 지역 안에서 순환하도록 만들고, 사회·환경 문제를 함께 풀어보자는 실천 네트워크다. 2024년 12월, 광명업사이클아트센터에서 열린 '광명 ESG 포럼'을 계기로 협약을 맺고 출범을 선언했다.

이름에 행동을 뜻하는 액션을 붙인 것은 담당 팀장의 의견이었다. 행동은 실행의 구조가 있을 때만 지속된다. 지금 이 팀에 참여한 민간기업은 기아 AutoLand 광명, NH농협은행 광명시지부, 법무법인 화우, SK슈가글라이더즈 핸드볼 구단, 이케아 광명점이다. 참여기업을 지속적으로 늘리는 게 광명시의 방향이기도 하다.

공공기관은 광명시를 중심으로 광명시체육회, 광명도시공사, 광명시자원봉사센터, 광명시청소년재단, 광명문화재단, 대한적십자사 광명시지부, 광명종합사회복지관, 철산·하안 종합사회복지관 등 출자·출연기관 대부분이 참여하고 있다. 내가 이 목록을 길게 적는 이유는 이름이 곧 책임의 좌표이기 때문이다.

제조업과 금융, 법률, 스포츠, 유통이 한자리에 앉아 있다는 사실은 ESG가 도시 전체의 과제임을 의미한다. 여기서부터가 핵심이다. 각자가 가장 잘할 수 있는 자리에서, 각자의 전문성이 도시의 말단까지 닿도록 역할을 나누는 설계를 시작했다. 거대한 혈관을 뚫는다는 건, 결국 각자 가진 기술이 서로의 빈틈을 메우는 구조를 만든다는 뜻이니까.

기아 AutoLand 광명은 제조 현장이 가진 힘으로 들어왔다. 공장은 도시의 탄소와 에너지, 일자리와 안전이 가장 직접적으로 만나는 곳이다. 기아는 공장 안에서 신재생에너지 확대와 충전 인프라 같은 전환을 밀어붙이는 동시에, 지역 돌봄의 빈틈을 메우는 사회적 역할까지 함께 설계해 왔다. 기아오토랜드광명은 '어르신 마음돌봄 정원'마음정원 조성을 위해 ESG 협력사업비 1억 원을 기부했고, 적십자와 광명시가 공동 사업을 추진하는 민관협력 사례에도 참여했다. 기아는 공장 내 수소·전기 복합충전소 구축, 태양광 발전설비 도입 등 신재생에너지 보급 확대에도 앞장서서 2025년 '광명형 ESG' 민관협력 우수기관을 받았다. 이 조합에서 제조업의 전환은 환경E의 영역이고, 마음정원 같은 돌봄의 접속은 사회S의 영역이다. 한 기업이 두 영역에서 활동할 때 ESG는 구호가 아니라 구조가 된다.

NH농협은행 광명시지부는 금융이 가진 힘으로 들어왔다. NH가 보여준 상징적인 장면이 있다. 광명시와 대한적십자사가 'ESG 확인서 발급 사업'을 추진하면서, NH농협은행 광명시지부가 '황금도시락' 사업에 1,000만 원을 기부해 ESG 확인서 1호를 받은 첫 기업이 되었다. 그 사업은 결식 청년과 중장년 1인 가구 같은 식생활 취약계층에게 지역화폐를 지원해 식생활 문제를 해결하고, 동시에 지역 소상공인과의 상생을 도모하는 방식으로 설계되어 있다. 여기서 나는 금융의 역할을 정확히 본다. 금융은 단순 기부보다는 '지역 안에서 돈이 돌게 하는 방식'으로 사회S와 지배구조G의 질서를 만든다. 취약계층의 식생활을 돕는 동시에, 지역 상권으

로 피가 다시 흐르게 만드는 것. 이게 모세혈관의 방식이다.

법무법인 화우는 법률과 제도, 즉 '지배구조'G의 힘으로 들어왔다. ESG는 마음만으로 되는 일이 아니라 규칙의 세계다. 특히 중소기업은 '해야 하는 건 아는데 어떻게 해야 하는지'에서 막힌다. 광명시와 화우는 ESG 이행 협약을 체결하고 '광명 ESG 액션팀'에 합류해, 관내 중소기업이 비용 부담 없이 ESG 경영전략을 세울 수 있도록 '기업 ESG 진단평가 지원 사업'을 추진하고 있다. 지원 대상이 50여 곳 규모로 알려졌다. 나는 이 역할이 액션팀에서 아주 결정적이라고 본다. 화우의 역할은 중소기업이 환경E과 사회S의 실천을 하다가 법·규제·평가의 벽에서 꺾이지 않도록, 도시가 제도적 손잡이를 제공하는 일이다. 이 손잡이가 있으면, ESG는 지역경제 전체로 확산할 수 있다.

SK슈가글라이더즈 핸드볼 구단은 스포츠가 가진 동원력과 이야기의 힘으로 들어왔다. 나는 스포츠가 도시의 공공성을 확장하는 방식에 관심이 많다. 경기장에는 '함께 외치는 경험'이 있고, 그 경험은 행동으로 전환되기 쉽다. 실제로 광명 지역에서는 SK슈가글라이더즈, 광명도시공사, 광명시자원봉사센터 등이 목감천 플로깅이나 발달장애인을 위한 캠핑 활동 같은 연계 사회공헌을 진행해 왔다. 스포츠 구단의 역할은 시민참여의 스위치를 켠다. 환경E을 참여형으로 만들고, 사회S를 연대형으로 만든다. 말하자면, 스포츠는 모세혈관에 가장 빨리 도달하는 혈액이다.

이케아 광명점은 유통과 생활문화가 가진 힘으로 들어왔다. 탄소중립은 공장만 바꾼다고 끝나지 않고, 시민의 소비 습관과 생활 도구가 바뀌어야 완성된다. 이케아 광명점은 태양광 패널과 빗물 재활용 시설 같은 친환경 인프라를 시민에게 개방해서 환경교육 공간으로 활용해 왔고, 폐가구 업사이클 지원과 복지시설 기부, 매장 내 시민 예술공간 운영 등 지역사회 협력을 지속해 왔다. 과거에도 광명시와 이케아가 업사이클 제품을 제작·기부한 사례가 있다. 이케아의 자리에서 ESG는 물건 사는 방식을 바꾸는 이야기가 된다. 환경E은 매장의 인프라와 교육으로, 사회S는 기부와 문화 공간 제공으로, 지배구조G는 지속가능한 공급망과 기준의 공개로 연결된다. 나는 이게 유통업이 가진 고유한 힘이라고 본다. 사람의 일상에 붙어 있기 때문에 변화를 생활 속으로 데려오는 데 유리하다.

다른 한편으로, 공공기관들은 이 역할 분담을 현장으로 연결하는 매개체다. 광명도시공사는 공공시설과 도시 인프라에서 에너지·자원순환의 실천을 표준으로 만들 수 있고, 광명시자원봉사센터는 시민의 손을 움직이게 하는 조직력을 갖고 있다. 청소년재단은 미래세대가 ESG를 익히게 하는 교육·참여의 플랫폼이고, 문화재단은 축제와 공연과 전시를 저탄소 방식으로 바꾸면서 도시의 감각을 바꾼다. 적십자사와 종합사회복지관들은 ESG가 환경만의 이야기로 치우치지 않게, 돌봄과 취약계층의 의제를 중심에 놓도록 균형을 잡는다. 행정은 이 모든 역할이 흩어지지 않게, 사업과 예산과 협약이 하나의 흐름으로 이어지도록 설계하고 책임진다.

2025년 지구의 날을 맞아, 광명 ESG 액션팀 소속 기관들과 대형 점포가 함께 다회용컵 사용 캠페인을 벌이며 "업무와 일상에서 다회용컵을 적극 사용하자"고 약속한 사례가 있다. 이런 약속은 사소해 보이지만, 공공의 습관이 바뀌면 민간도 따라 움직일 명분이 생긴다는 점에서 중요하다. 시청에 가든, 체육관에 가든, 복지관에 가든 '일회용이 기본값이 아닌 도시'를 몸으로 느끼는 것. 시민 체감 포인트는 단순하다. 기본값이 바뀌면 문화가 바뀐다.

이런 역할 분담을 통해 각자의 능력이 서로의 빈틈을 메우는 순간, 협력은 감정이 아니라 시스템으로 정착되어진다. 실제로 우리는 지구의 날을 계기로 다회용컵 사용 공동 캠페인을 벌이며, '일회용컵 없는 사무실' 같은 실천을 공공과 민간이 함께 움직이는 방식으로 밀어본 적이 있다. 그 캠페인에는 광명시, NH농협은행 광명시지부, 이케아 광명점, SK슈가글라이더즈, 광명도시공사, 문화재단, 청소년재단, 자원봉사센터, 복지관들 등이 함께 참여했다. 이런 작은 반복이 결국 도시의 모세혈관을 연다.

나는 여기서 '혈관' 비유를 다시 꺼낸다. 국민주권이 국가 시스템의 굵은 혈관을 트는 일이라면, 시민주권은 그 피가 말단의 모세혈관까지 돌게 만드는 일이다. 광명형 ESG는 바로 그 모세혈관의 작업이다. 제조업이 전환의 심장 역할을 하고, 금융이 흐름을 만든다. 법률이 기준을 세우며, 스포츠가 시민의 참여를 켜고, 유통이 생활을 바꾼다. 마지막으로 공공기관이 현장을 접착하는 구조가 갖춰질 때 ESG는 진정한 도시의 생존 기술이 된다.

협력의 초기 단계에는 속도 차이 및 이해관계 차이로 진행이 더딜 수밖에 없다. 하지만 이러한 불완전성조차 도시의 역동성을 반영하는 요소로 해석될 수 있다. 완벽한 계획 수립은, 다양한 주체 간의 지속적인 논의와 의제 설정을 통해 확보 가능하다.

앞으로도 참여 기업을 확대하고 논의 구조를 제도적으로 유지해 나가려고 한다. 내가 바라는 궁극적인 목표는 ESG 활동, 협약, 상생의 결과가 형식적인 보고서나 정서적 만족에 머무르지 않고 실질적인 성과로 나타나는 데 있다. 광명형 ESG의 이러한 실천이 축적되면 환경은 산업으로, 사회는 신뢰로 이어진다. 지배구조는 지속가능성을 확보할 수 있다. 그 결과 광명형 ESG는 도시 성장의 동력으로 작용할 것으로 믿는다.

광명의 도전은 멈추지 않는다. 기후예산제와 재생에너지 확대, 도시 에너지 효율 혁신, 전기·수소 기반 교통수단 전환을 더해 실행의 속도를 끌어올린다. 2030년 까지 온실가스 배출량을 40% 감축(2018년 대비)하고, 2050년 탄소중립을 달성 하겠다는 약속은 다음 세대를 향한 우리의 가장 정직한 응답이다.

함께하는 광명!! 함께
25 광명시
변화의 중심
기회와 균형

제4장

자원순환

쓰레기에서 가치를 캐내는 도시의 윤리

자원순환은 도심이라는 거대한 유기체의 '소화 작용'과 같다. 무엇을 먹느냐 만큼이나 어떻게 배설하고 다시 에너지로 만드느냐가 건강을 결정하듯, 광명은 쓰레기를 단순한 오물로 보지 않는다. 도시를 움직일 에너지가 담긴 재활용 '재료'로 바라보며 건강한 체질 개선을 이어가고 있다.

쓰레기봉투에서 보는
도시의 자화상

도시는 종종, 자기 크기와 상관없는 일을 벌인다. 광명은 그랬다. 새벽이 지나 아침으로 넘어가는 시간, 골목 모서리마다 쓰레기봉투가 놓이고 수거차가 지나가면 도시는 전날의 흔적을 한 번에 내보낸다. 어떤 날은 가볍고 어떤 날은 묵직하다. 그 무게는 단지 봉투의 부피가 아니라, 우리가 무엇을 소비하고 무엇을 남겼는지의 총합이다.

쓰레기봉투는 도시가 남긴 하루의 자화상이다. 무엇을 소비하고 무엇을 남겼는지 가감 없이 드러나는 그 지점에서 자원순환은 시작된다. '버린다'는 것이 대개 잊겠다는 뜻이라면, '순환'은 잊지 않겠다는 태도다. 쓸모 없다고 쉽게 말하지 않는 태도, 끝을 함부로 만들지 않는 태도가 모여 도시의 윤리를 바꾼다. 광명은 처리 능력의 확장보다 먼저 '덜 버리는 구조'를 만드는 데 집중하며, 자원순환을 환경 정책을 넘어선 도시의 새로운 상식으로 정립해 왔다.

'버린다'는 말이 입에서 가볍게 나오지 않도록, 우리는 생활의 기준을 바꿨다. 그 첫 단추가 바로 종량제봉투 사용이다.

종량제는 처리비용을 배출량에 따라 부담하게 만들어, 배출량을 줄이고 재활용품을 분리배출하도록 유도하는 제도다. 제도는 딱딱하지만 의도는 생활을 향한다. 봉투는 벌이 아니라 질문이다. "정말 이만큼이 필요한가?", "이건 섞여도 되는가?", "다른 길은 없는가?" 등의 질문이 매일 저녁마다 주방 한쪽에서 반복된다. 가격은 불편하지만 솔직하다. 쓰레기는 공짜가 아니라는 사실을, 봉투는 가장 일상적인 방식으로 알려준다. 부피가 곧 비용이 되고, 비용이 커질수록 사람들은 생각한다.

'똑같은 식탁인데 왜 이렇게 남았지, 포장재는 왜 이렇게 많지, 재활용은 왜 섞였지.'

더 직접적인 장치도 있다. 음식물 쓰레기는 무게로 돌아온다. 저울 위에 오른 건 찌꺼기만이 아니라 우리의 식탁이다. 먹는 일은 생존이고 즐거움이지만, 남기는 일은 책임이다. 남긴 것의 무게가 눈앞에 드러나는 순간, '버렸다'는 말은 더 이상 가볍지 않다. 이것은 자신이 어떤 방식으로 먹고 살고 있는지, 각자의 생활 습관을 선명하게 비춰주는 거울이다.

덜 버리기 위해서는 덜 섞는 일이 함께 가야 한다. 섞이면 쓰레기고, 분리되면 자원이다. 이건 시민의 노동을 떠넘기는 구호가 아니라, 도시가 자원을 다시 쓰기 위한 최소한의 문법이다. 라벨을 떼고 비워서 찌그러뜨린 투명 페트병을 따로 모아 내놓는 작은 규칙들이 모여야 순환은 실제가 된다. 병은 투명하지만, 순환은 저절로 투명해지지 않는다. 그래서 습관이 필요하다.

도시는 그 습관을 돕기 위해 안내문을 만든다. 안내문은 단순한 홍보를 목적으로 하지 않는다. 홍보는 순간 지나치고 말지만, 매일 재활용장에서 만나는 안내문은 습관을 만든다. 자원순환은 기술이 아니라 생활이고, 생활은 늘 학습을 필요로 한다. "시민이 알아서 하라"는 말 대신 "도시가 함께 배우자"는 문장이 필요하다. 읽을 수 있고, 따라 할 수 있으며, 반복할 수 있어야 한다.

나는 자원순환을 특별한 캠페인으로만 만들고 싶지 않았다. 도시는 '상식'을 바꾸는 방식으로 움직여야 한다. 일회용품을 줄이는 약속도, 분리배출의 규칙도, 교육의 자리도 결국은 같은 목표를 향한다. '당연한 일'이 되는 것, 환경 정책을 행사로 만들지 않고 생활의 상식으로 만드는 것. 그 지점에 닿을 때 제도는 스스로 굴러간다.

쓰레기봉투를 잊고 싶은 과거로만 취급하지 말자. 봉투는 부끄러운 증거이기도 하지만, 동시에 바꿀 수 있다는 증거이기도 하다. 자화상은 고치기 위해 보는 것이다. 얼굴에 묻은 먼지는 모른 척한다고 사라지지 않는다. 거울을 보면 얼굴의 먼지를 닦을 수 있다. 쓰레기봉투는 도시의 거울이다. 우리가 무엇을 남기는지, 어떤 편리함에 기대는지, 어떤 무관심이 반복되는지 봉투는 매일 알려준다.

자원순환은 '잘 버리는 기술'이 아니라 '끝을 함부로 만들지 않는 태도'다. 끝을 함부로 만들지 않는다는 건, 내가 남긴 것을 끝까지 책임진다는 뜻이다. 그 책임이 시민에게만 있는 것도 아니다. 행정도 책임져야 한다. 시민이 분리한 자원이 다시 섞이지 않도록 수거와 처리 체계를 고도화해야 하고, 시민이 덜 버리도록 가격과 안내와 제도를 설계해야 한다. 유도는 설계다. 설계는 책임이다.

나는 자원순환을 그런 의미에서 도시의 '윤리'라고 부른다. 윤리는 선택의 누적이다. 오늘은 20리터보다 10리터 봉투로 충분하다고 느끼는 선택,

라벨을 한 번 더 떼는 선택, 종이팩을 그냥 버리지 않고 따로 모으는 선택. 그런 선택들이 모이면 도시는 달라진다. 그리고 그 변화는 통계보다 먼저, 봉투의 모양에서 드러난다. 봉투가 얇아지는 도시. 그것은 성숙해지는 도시다. 더 많이 처리하는 도시가 아닌, 더 적게 남기는 도시로의 변화다. 마지막으로 나는 이런 말을 남기고 싶다. 쓰레기봉투를 부끄러워하지 말자. 대신 읽자. 읽을 수 있으면 고칠 수 있다. 자원순환은 쓰레기에서 가치를 캐내는 기술이기 전에, 도시가 스스로를 읽는 능력이다. 그리고 도시는 결국, 자신을 읽을 줄 아는 시민을 가질 때 가장 건강해진다.

버려진 자원을 예술로 변화시키는
업사이클아트센터

쓰레기봉투가 도시의 거울이라면, 업사이클아트센터는 그 거울 앞에서 손을 움직이는 장소다. 거울을 오래 들여다본다고 얼굴이 저절로 달라지지 않듯, "덜 버리자"고 아무리 반복해도 순환은 저절로 굴러가지 않는다. 결국은 물건을 다시 만져야 한다. 버려진 것에 다시 이름을 붙이고, 다시 쓸모의 자리를 마련해야 한다. 나는 그 과정을 '예술'이라고 제목에서 표현했지만, 사실은 도시가 자기 체질을 고치는 공방이라고 생각한다. 귀한 금속을 만들겠다고 불을 피우는 게 아니라, 이미 가진 것의 가치를 끝까지 써보겠다고 손을 더럽히는 일이다.

광명의 업사이클아트센터는 처음부터 '멋진 문화공간'으로 태어나지 않았다. 2014년, 문화체육관광부의 폐산업시설 문화재생사업 공모에 광명이 선정됐다. 그때 우리가 가진 건 새 건물과는 동떨어진, 쓰임이 다한 자리였다. 자원회수시설의 홍보동으로 쓰이던 건물. 그 공간은 말 그대로 처리를 설명하는 곳이었다. 우리는 그 설명을 한 걸음 더 밀어붙이고 싶

었다. 처리로 끝나지 않고 다시 쓰기로 이어지는 길을, 시민이 눈으로 보고 손으로 겪게 만드는 것에 초점을 맞췄다. 그래서 리모델링을 선택했고, 2015년 6월 12일 국내 최초 업사이클 예술공간이라는 이름으로 문을 열었다.

센터가 처음 자리했던 곳은 왕래가 적은 도시의 뒤편이었다. 큰길에서 한 번 꺾고, 또 한 번 들어가야 닿는 곳. 목적이 확실한 사람은 찾아왔지만, 우연히 지나가다 들어오기는 쉽지 않았다. 자원순환이 상식이 되려면, 특별한 결심보다는 생활 동선 속에서 만날 수 있어야 한다고 생각했다. 2024년 7월, 센터를 하안동으로 옮긴 까닭이다. 주소는 오리로 703. 말하자면 도시의 중심부, 시민이 더 자주 지나치는 자리로 이사한 것이다. 접근성을 높인다는 행정 문장은 흔하지만, 나는 그 말을 걸어서 들를 수 있는 거리로 설명한다. 산책하다 들어올 수 있어야 일상이 된다.

지금의 센터는 규모부터 달라졌다. 지하 2층에서 지상 4층까지, 약 1,000평. 큰 이유는 하나다. 업사이클을 전시로만 남기지 않기 위해서다. 전시·체험·창업 지원이 한 건물 안에서 이어져야 '감탄'이 '습관'으로 바뀐다. 1층에서 보고, 위층에서 배우며, 다른 층에서 만들어 또 다른 층에서 팔고 살아남는 구조. 자원순환을 문화로만 만들면 예쁘지만 가볍다. 산업으로만 만들면 빠르지만 차갑다. 광명은 그 둘이 만나는 지점을 붙잡고 싶었다. 그래서 이곳은 미술관이면서 교실이고, 교실이면서 작업장이며, 작업장이면서 작은 산업단지처럼 작동한다.

전시장은 낯익지만 낯설은 충격으로 가득하다. 공사장에서 버려진 플라스틱 자재가 조형물이 되어 입구에서 사람을 맞이하고, 쓸모를 다했다는 가구가 분해되어 다른 작품의 뼈대가 된다. 여기서 중요한 건 기술이 아니라 시선이다.

사람들은 전시를 보며 이렇게 말한다.

"이게 쓰레기였다고?"

그 한마디가 도시를 바꾼다. 설교보다 오래 남는 건 감각의 변화다. 낭비를 도덕으로만 꾸짖지 않아도, 눈이 바뀌면 손이 따라온다. 그리고 이곳의 진짜 힘은, 전시에서 끝나지 않는다는 데 있다. 작업대가 있고 공구가 있다. 자투리 목재가 새로운 물건의 재료로 올라온다. 한 번의 체험으로 끝나는 프로그램도 있지만, 그 한 번이 사람을 바꾼다. "나는 못 해"라고 생각하던 사람이 "다음엔 집에서 라벨부터 떼볼까"로 바뀐다. 거기서부터 순환은 시작된다. 자원순환은 고상한 이론이 아니라 생활의 기술이고, 생활의 기술은 결국 몸으로 배운다.

센터 연혁에는 누적 관람객 70만2017년, 100만2019년, 120만2021년, 130만2022년 같은 기록이 남아 있다. 물론 이런 기록도 중요하다. 그러나 나는 그것을 이렇게 읽는다.

"도시가 바뀌는 현장에 사람들이 계속 찾아왔다."

한 번 보고 끝났다면 이벤트다. 수십만, 백만이 넘는 발걸음이 되풀이됐다는 건, 이곳이 생활의 학습장이 되었다는 뜻이다. 자원순환이 제도의 언어에서 시민의 언어로 옮겨오는 데는 시간이 걸린다. 그 시간을 견디는 힘이 이런 반복에서 나온다.

우리가 만들고 싶은 센터는 구경하고 소비하는 장소가 아니었다. 사람을 모으는 것보다, 그들이 돌아가서 무엇을 하게 만들 것인가가 더 중요했다. 그래서 우리는 센터를 '기념품 파는 곳'이 아니라 '도시가 다시 생산하는 곳'으로 만들고 싶었다. 2020년에 에코디자인 창업지원센터, 광명경

업사이클 환상데이
7. (토) ~ 8. (일) 하안동 광명업사이클아트

쓸모 있는 업사이클
이번 전시 '쓸모 있는 업사이클展'은 쉽게 버려지는 제품이
또 다른 '쓸모'로 변모하도록 작가의 오랜 노동 시간이 축적된
조형작업을 통해 유쾌한 작품들로 구성 하였습니다.

기문화창조허브가 문을 연 것도 같은 맥락이다.

환경은 '해야 하는 일'로만 남으면 피곤해진다. '할 수 있는 일'이 되고, '먹고 살 수 있는 일'이 될 때 오래 간다. 업사이클은 좋은 마음만으로 지속되지 않는다. 기술과 시장, 그리고 일자리가 붙을 때 비로소 도시의 경제가 된다.

나는 업사이클이 도시의 미래 산업이 될 수 있다고 믿는다. 이유는 단순하다. 우리가 버리는 것이 곧 우리가 가진 자원이기 때문이다. 도시가 소비하는 만큼 자원이 쌓이고, 그 자원을 다시 쓰는 능력이 경쟁력이 된다. 센터에 입주한 기업들과 창작자들이 만들어내는 제품들은 '친환경'이라는 라벨만 붙인 물건이 아니다. 소재를 다시 해석하고, 디자인을 다시 조합하며, 폐자원을 '상품'으로 바꾸는 기술을 축적한다. 이 축적은 도시의 산업 기반이 된다.

광명은 산업과 예술의 결합을 실제로 만들고자 했다. 지역 기업과의 협업을 프로젝트가 아니라 관계로 만들었다. 2018년, 이케아와 업사이클 기부 사업 업무협약을 맺었다. 문서 한두 장의 협약이지만, 그 문서가 열어 준 건 '정기적인 흐름'이었다.

매장 전시품, 반품, 경미한 손상 등으로 판매가 어려워진 가구들이 버려지지 않고 센터로 들어온다. 그러면 지역 작가와 시민이 그 가구를 다시 만진다. 나는 이 구조가 자원순환의 핵심이라고 생각한다. 순환은 선의가 아니라, 정기적으로 돌아가는 시스템이다.

이 시스템이 가진 설득력은 해마다 더 구체적인 장면으로 증명된다. 2025년 11월, '업사이클 상생기부 프로젝트'로 제작한 어린이용 가구 22점이 관내 어린이 공간 14곳에 전달됐다. 좌식책상, 수납장, 신발장. 아이들이 매일 만질 물건들이다. 제작에는 시민 목공 동호회 '세모나'와 지역 작가들이 참여했고, 센터 입주기업 '홍익기술'은 자외선uv 항균 코팅을 무상 지원해 품질을 높였다.

나는 이 대목이 마음에 남는다. 업사이클이 "예쁘게 다시 만들었다"로 끝나지 않고, "더 안전하게, 더 오래 쓰게 만들었다"로 이어진다. 환경이 복지로, 복지가 다시 기술로 연결되는 순간이다.

그날의 기억을 떠올리면, 가장 인상적인 건 새 가구가 아니라 관계다. 기업이 기부하고, 시민이 만들며, 기업이 다시 기술을 더해 복지 현장이 그 결과를 받는다. 이 연결이 도시를 움직인다. '환경은 캠페인'이라는 말이 흔하지만, 나는 이런 장면 앞에서는 그 말이 작아진다고 느낀다. 캠페인은 마음을 움직이지만, 관계는 도시를 바꾼다.

상생기부 프로젝트는 일회성으로 끝나지 않았다. 지난 8년간 지역 내 사회복지시설 91개소에 업사이클 제품 321점을 전달했다. 이 기록은 '다시 쓰이게 된 물건의 기록'이다. 나는 이것이 자원순환의 실제라고 생각한다. 버려질 뻔했던 것들이 누군가의 생활 속으로 다시 들어갔다. 그 물건들은 '제 이름'을 거듭 얻었다. 책상은 책상이 되고, 수납장은 수납장이 되고, 신발장은 신발장이 된다. '폐기물'이라는 말이 흐려지고, '생활'이라는 말이 선명해진다.

이 과정은 시민에게 가장 강력한 교육이 된다. 작업대에서 일어나는 교육이다. 업사이클아트센터는 '태도'를 말로 가르치지 않는다. 보여주고, 만지게 하며, 만들게 한다. 그러면 사람은 스스로 배운다. 배움은 결국 태도를 남기고, 태도가 도시의 윤리를 바꾼다.

'전국이 배우러 온다'는 말도 사실이다. 민선 8기 들어 광명에서 여러 분야의 벤치마킹이 이어졌는데, 시설별로는 업사이클아트센터가 66회로 가장 많았다. 이 통계는 성과의 표식인 동시에, 많은 지방정부가 "쓰레기를 어떻게 줄이느냐"에서 "버려진 것을 어떻게 다시 경제와 문화로 연결하느냐"로 질문을 옮기고 있다는 신호다. 그리고 그 질문의 현장으로 광명이 먼저 언급된다는 건, 우리가 책임져야 할 몫이 더 커진다는 뜻이기도 하다.

업사이클아트센터는 자원순환 정책의 일부이지만, 나는 이곳을 도시의 태도를 보여주는 장소로 본다. 우리가 쓰고 남긴 것을 대하는 방식은, 결국 사람을 대하는 방식과 닮았다. 잠시 멈춘 것에 다시 이름을 붙여 주는 마음, 한 번 쓰였다고 끝내지 않는 마음, 시간을 들여 수리하고 다듬는 마음. 이런 마음이 물건에 적용될 때, 도시는 사람에게도 더 관대해진다. 포기하지 않는 도시, 기회를 재설계하는 도시로 넓어질 수 있다.

자원순환은 종종 환경 정책으로 분류되지만, 내게는 도시의 존엄에 가깝다. 도시가 만든 찌꺼기를 외면하지 않고, 그 찌꺼기에서 다시 가치를 길어 올리는 도시. 처리 능력을 키우는 것보다 먼저 덜 버리는 구조를 만들고, 덜 버리는 구조를 말로만 두지 않고 손으로 증명하는 도시. 업사이클아트센터는 그 증명의 한복판에 있다.

쓰레기봉투를 읽는 것이 도시를 읽는 일이라면, 이곳은 도시가 스스로를 다시 쓰는 자리다. 그리고 그 글을 쓰는 건 행정의 손만이 아니다. 오늘도 누군가는 이곳에서 톱밥을 털고, 낡은 가구를 분해해 재조립하며, 마지막 코팅을 얹는다. 그 손들이 모이면, 도시의 윤리는 조금씩 새로워진다.

나눔으로 줄이는
먹거리 소비

자원순환은 이웃 간의 연대와 만날 때 복지의 도구가 된다. '광명 마을냉장고'와 비대면 공유 냉장고인 '소이곳간'은 그 상징적인 모델이다.

전우익 선생이 남긴 말이 있다.

"혼자만 잘살면 무슨 재민겨."

나는 이 문장을 좋아해서 자주 사용해 왔다. 도덕 교과서처럼 반듯함보다 생활의 온도가 느껴지는 말이다.

혼자 잘 사는 게 목표가 되는 순간, 도시는 각자의 문을 잠그고 끝난다. 그런데 도시가 살아남는 방식은 늘 반대편에 있다. 문을 조금 열어두는 쪽, 남는 것을 같이 나누는 쪽, 서로의 빈틈을 같이 메우는 쪽에.

업사이클아트센터에서 우리는 버려진 물건에 다시 이름을 붙였다. 이름이 붙은 물건은 쓰레기에서 소재로 바뀌었다. 그런데 도시가 버리는 것들 중에는 이름을 붙이기 더 조심스러운 것이 있다. 음식이다. 음식은 '남았다'는 말로 끝나지 않는다. 남은 음식은 곧 썩고, 냄새를 풍기며, 죄책감이

행원사회적협동조합
누구나 넣고 누구나 가져가세요
광명마을냉장고
이용규칙
장례
가져가실때는
넣으실때는
- 소 이 곳간 -

된다.

어떤 집에서는 남기는 일이 습관이지만, 어떤 집에서는 남길 수 있는 것이 없다. 음식물 쓰레기는 단순한 환경의 문제로 치부하기보다, 도시의 격차를 가장 빨리 드러내는 자화상으로 봐야 한다.

나는 자원순환을 이야기할 때, 늘 '덜 버리는 구조'를 먼저 말해 왔다. 분리배출의 규칙도, 업사이클의 기술도 결국은 같은 방향으로 간다. 끝을 함부로 만들지 않는 태도. 음식물쓰레기는 그 태도를 가장 날카롭게 시험한다.

음식물쓰레기를 줄이는 것에서는 시설을 늘리는 일보다, 이웃을 연결하는 일이 더 중요해질 때가 있다. 자원순환이 연대와 만나는 지점, 그 지점에서 복지는 갑자기 따뜻해진다. 광명의 '마을냉장고'와 '소이곳간'이 내게 그걸 보여줬다.

처음 이 사업을 상상할 때, 나는 대규모 예산 투입을 생각하지 않았다. 오히려 반대였다. '도시 안에 이미 있는 냉장고 하나만 열어두면 어떤 일이 일어날까' 하는 생각이었다. 누구나 문을 열 수 있고, 누구나 넣을 수 있으며, 누구나 꺼낼 수 있는 냉장고. "필요한 만큼 가져가고, 가능한 만큼 채워 주세요"라는 안내문이 공공의 문장으로 살아남을 수 있을까. 우리는 그 생각을 실험으로 시작했다. '혼자만 잘살면 무슨 재민겨'라는 말이, 행정의 문장 속에서도 숨쉬게 만들고 싶었다.

2021년 8월 3일, 시립광명푸드뱅크·마켓 앞에서 '광명마을냉장고'가 첫선을 보였다. 여름의 습기 속에서 사람들은 냉장고 문이 열릴 때마다 조용히 웃었다. 누군가가 넣어둔 반찬통이 다른 누군가의 저녁이 되는 장면은 이상하게도 아주 평범해 보였다. 나는 그 평범함이 중요하다고 생각했다. 복지가 특별한 행사로만 존재하면 늘 '대상'이 생긴다. 하지만 냉장고는 대상이 아니라 '사이'를 만든다. 이웃과 이웃 사이.

그 냉장고는 공짜로 떨어진 게 아니었다. 냉장고 한 대 값이 35만 원 정도였고, 시민 후원금으로 마련했다. 누군가는 "그 돈이면 뭐가 달라지냐"고 묻겠지만, 나는 반대로 생각한다. 그 금액은 도시가 이웃을 믿기 위해 지불한 최소한의 비용이다. 더 중요한 건 그 뒤에 붙는 약속이었다. 청소와 채움, 정리 같은 관리는 냉장고가 설치된 업소와 지역사회보장협의체가 함께 맡기로 했다. 공공이 책임을 빼는 게 아니라, 공공이 관계를 설계하는 방식이었다.

이 일은 혼자서는 못 한다. 광명마을냉장고의 도입 배경에는 드러나지 않았던 여러 손이 있다. 지역사회보장협의체와 사회복지협의회가 중심을 잡고, 희망나기운동본부 같은 민간의 플랫폼이 기부 흐름을 도왔다. 슈퍼마켓협동조합과 NH농협은행 같은 조직이 먹거리와 생필품을 연결했다. 안전을 위해 CCTV를 지원한 기업도 있었다. 냉장고는 물건을 차갑게 보관하지만, 그 냉장고를 둘러싼 손들은 뜨겁다. 이 뜨거움이 없으면 공유는 오래 못 간다.

공유는 늘 아름답지만 동시에 취약하다. 특히 음식은 더 그렇다. 우리는 "아무거나 넣어도 된다"는 자유를 말하고 싶지 않았다. 자유가 신뢰를 망가뜨리는 순간이 있기 때문이다. 그래서 마을냉장고에는 위생과 안전의 규칙이 들어갔다. '냉동식품, 유통기한이 지난 음식, 주류, 약품류, 건강보조식품, 불량식품, 오래 보관했던 식품 같은 것들은 공유할 수 없다'는 원칙을 반복해서 안내했다. '관리자가 있어도 식중독 같은 사고까지 전부 책임질 수는 없다'는 냉정한 문장도 함께 있었다. 사용자 스스로가 안전

기부천사

누구나넣고 누구나 가져가세요
광명마을냉장고

을 확인하고 책임지는 구조. 이 대목이 중요했다. 시민의 주권은 권리만이 아니라 책임까지 포함하기 때문이다.

그 책임의 문장을 가장 또렷하게 보여주는 모델이 '소이곳간'이다. 소이곳간은 소하2동에서 시작된 마을공유냉장고다. 2020년 10월에 문을 열었고, 주소는 영당로 18로 알려져 있다. 이곳은 냉장고·냉동고·저장고가 있는 공유공간으로 운영됐다. 24시간 열려 있는 문은 "필요하면 밤에 와도 된다"는 메시지를 품는다. 빈곤은 낮에만 오지 않는다. 불안은 저녁에 커진다. 곳간의 문은 밤에도 열려 있어야 했다.

소이곳간이 좋아 보이는 건 형식이 아니라 운영 때문이다. 개소 이후 2021년 8월 기준으로 이용자 3,289명, 물품 공유자 726명이라는 기록이 적혀 있다. 숫자만 보면 '제법 많다' 정도로 지나칠 수 있다. 하지만 나는 그 지표를 시간으로 읽는다. 냉장고 앞에 멈춰 선 시간, 문을 열고 냄새를 맡아 본 시간, 무언가를 꺼내 들고 잠깐 망설인 시간, 그리고 결국 가져간 시간. 그 시간들이 쌓여 이 동네의 기척이 된다.

또 정기적으로 도움을 준 곳들의 이름이 길게 이어진다. 사회적협동조합, 사찰, 식당, 횟집, 빵집, 동네 가게들. 이런 목록은 행정 보고서에서 '후원처'라는 단어로 정리되겠지만, 내게는 동네의 마음지도다. "이 동네는 아직 서로를 포기하지 않았다"는 징표이기도 하다. 나눔은 대단한 결심이 아니라, 매일의 작은 반복에서 버틴다.

소이곳간에는 학교도 들어왔다. 2021년 8월 30일, 충현중학교 학생들이 바자회 수익금 69만 3,400원을 전액 기부했다는 기록이 있다. 학생들이 동아리 활동에서 직접 요리한 음식을 기부하며 인연이 시작됐고, 그 경험이 바자회를 기획하게 만들었다고 한다. 나는 이 장면이 소중하다. 복지는 늘 '어른이 나눠주는 것'으로 오해되기 쉽다. 그런데 여기서는 청소년이 도시의 윤리를 먼저 배운다. 배움이 냉장고 문을 여는 손끝에서 시작된다.

이 사업의 가장 아름다운 장면은, 사실 집 앞에서 벌어진다. 2022년 10월, '찾아가는 광명마을냉장고 소이곳간'이 출범했다. 소이곳간을 운영해 온 소하2동 지역사회보장협의체가 주민 의견을 모아, 거동이 불편한 노인·장애인 같은 취약가구를 직접 찾아가 공유 물품을 전달하고 안부를 확인하는 방식이었다. 방문을 받은 한 어르신은 '파킨슨씨병으로 외출을 거의 못 한다'고 말했다고 한다. '동네 이야기를 잘 모르는데 사람들이 집까지 찾아와 반갑다'고 표정이 밝아졌다.

냉장고가 거리의 공유라면, 찾아가는 사업은 관계의 공유다. '냉장고를 찾아오지 못하는 사람'이 생긴다면, 우리는 냉장고를 사람에게 가져가야 한다. 찾아가는 방식은 이 사업의 철학을 더 분명하게 만든다.

마을냉장고는 "누구든 가져가라"는 제도처럼 보이지만, 실제로는 "누구든 놓치지 않겠다"는 다짐이 되어야 한다. 매월 '찾아가는 날'을 지정하고, 협의체 위원뿐 아니라 유관단체 참여를 넓히겠다는 계획이 붙었다. 한 통계에는 2022년 9월 말까지 소이곳간을 이용한 주민이 2,865명이고, 공유활동 캠페인에 참여한 기관이 8곳, 참여 인원이 500여 명에 달한다고 적혀 있다. 이런 지수는 '관계의 두께'를 말해준다. 기관이 늘고 사람이 늘면, 그만큼 돌봄의 빈틈은 줄어든다.

마을냉장고가 갖는 또 하나의 힘은 예산이 아니라 자기 운영에서 나온다. 비예산으로 운영되고, 운영 비용은 운영자와 마을이 부담한다. 각 호점에 대표 운영자가 있고, 동 지역사회보장협의체 위원들이 주기적으로 관리한다. 나는 이 대목이 중요하다고 생각한다. 행정이 모든 것을 해주는 방식은 빠르지만 오래 못 간다. 대신 시민이 함께 관리하는 방식은 느리지만 습관이 된다. '자원순환은 일상'이라는 말은, 결국 운영 방식에서 증명된다.

이 냉장고는 복지의 도구이면서 동시에 음식물 쓰레기를 줄이는 환경의 도구다. 남은 반찬 하나가 쓰레기통으로 가면 메탄이 되고, 냉장고로 가면 누군가의 식사가 된다. 같은 반찬이지만 도착하는 곳이 다르면 도시의 윤리가 달라진다.

나눔의 미학은 과시가 아니라 익명성에 있다. 마을냉장고에는 보통 '누가 기부했는지'를 크게 적지 않는다. 오히려 기부자는 사라지고, 음식만 남는다. 사라진 자리에 생기는 건 자존감이다. '받는다'는 말이 부끄럽지 않도록 만드는 구조. 누구나 넣고 누구나 가져갈 수 있을 때, 가져가는 사람은 '대상'이 아니라 '이웃'이 된다. 그때 복지는 시혜가 아니라 공존이 된다.

이 장을 쓰며 나는 자원순환을 다시 정의하려고 한다. 어떤 의미로는 재확인하는 것이다. 순환은 단지 물질의 이동을 말하지 않는다. 도시가 서로를 기억하는 방식이다. 잊지 않겠다는 태도, 끝을 함부로 만들지 않는 태도, '쓸모없다'고 쉽게 말하지 않는 태도. 그 태도가 물건에 적용되면 업사이클이 되고, 음식에 적용되면 마을냉장고가 된다. 결국 둘은 같은 문장이다. 도시는 버린 것으로 드러난다. 그리고 도시는 다시 쓰는 방식으로 바뀐다.

마을냉장고와 소이곳간이 내게 준 가장 큰 교훈도 결국 이 말로 돌아간다.

"혼자만 잘살면 무슨 재민겨."

정책은 종종 건물로 보이지만 사실은 관계로 서 있다. 냉장고 하나가 관계의 거점이 되고, 그 거점이 동네의 복지 안전망이 된다. 그리고 그 안전망은 누군가의 배고픔을 덜어주면서, 동시에 도시의 쓰레기 무게를 줄인다. 내가 바라는 광명은 이런 도시다. 환경과 복지가 서로를 밀어주는 도시, 서로의 약점을 대신 메워주는 도시. 냉장고 문이 열리는 소리 하나로, 우리는 도시의 윤리를 조금 더 또렷하게 듣는다.

펫플로깅과
시민체감형 수거 시스템

업사이클아트센터가 손의 공방이라면, 거리는 도시의 피부다. 공방에서 버려진 것에 이름을 붙인다고 해도, 거리의 표정이 달라지지 않으면 시민은 체감하지 못한다. 자원순환은 결국 일상으로 내려와야 한다. 거창한 목표는 늘 멀리 있지만, 쓰레기는 항상 발끝에 있다. 그래서 나는 '정책'보다 '습관'을 먼저 본다. 광명에서 종종 일어나는 가장 중요한 변화는 시민의 작은 습관이 제도가 되고, 그 제도가 다시 표준이 되는 순간이다. 도시가 바뀌는 속도는 그 순환의 속도와 닮았다.

기후위기를 말하면 사람들은 먼저 지표를 떠올린다. 탄소배출량, 감축 목표, 연도별 시나리오. 다 맞는 이야기다. 하지만 그 지표를 움직이는 건 결국 사람이다. 거대한 목표는 작은 습관을 통해서만 현실이 된다. 매일의 생활은 촘촘하고, 그런 실천이 도시를 버티게 한다.

나는 그 실천의 주체들을 '의병'이라고 부른다. 누가 시켜서가 아니라, 자기 동네를 지키겠다고 스스로 나서는 사람들. 광명의 탄소중립은 보고서의 언어만으로 서지 않는다. 산책로의 봉투와 장갑, 분리배출함의 작은 투입구, 신고 버튼 하나의 편리함 같은 것들이 탄소중립의 몸이 된다.

어느 날부터 나는 반려견과 함께 걷는 사람들을 유심히 보게 됐다. 도시의 산책로는 그들에게 늘 열려 있고, 그 길은 계절마다 다른 얼굴을 보여 준다. 그런데 그 길을 지키는 방식도 바뀌기 시작했다. 반려견과 산책하며 쓰레기를 줍는 활동, 펫플로깅. 말은 새롭지만 행동은 단순하다. 걸으면서 줍는다. 나는 이 단순함이 좋다. 복잡한 메시지를 외우게 하지 않고, 몸이 먼저 움직이게 만든다.

광명은 이 활동에 '이름'을 붙였다. 기후를 지키는 의로운 반려견, '기후의견犬'. 이름이 유쾌하니 사람도 가볍게 시작할 수 있다. 그러나 그 가벼움이 만드는 효과는 결코 가볍지 않다. 우리는 펫플로깅 봉사단을 실제로 모집했고, 반려견 등록을 마친 시민 100명이 한 해 동안 함께 걷기로 했다. 기간은 2025년 11월부터 2026년 10월까지. 발대식도 열고, 연 4회는 함께 모여 정기 활동을 한다. 그 외에는 수시로 유기견 입양 홍보와 펫티켓 캠페인을 이어간다. 산책이 단지 개인의 여가가 아니라, 도시의 환경과 복지까지 연결되는 공공의 행위로 바뀌는 순간이다.

나는 여기서 중요한 장면을 본다. "쓰레기를 줍자"라는 말은 누구나 할 수 있다. 하지만 실제로 줍게 만드는 건 다른 문제다. 사람은 자기가 '어떤 역할'이라고 느낄 때 더 오래 움직인다. 그래서 우리는 조끼를 지급한다. 기후의견 활동복. 길 위에서 서로 알아보고 인사를 나누게 되는 표식이다. 그리고 실천이 실적으로 남도록 1365 자원봉사 시간도 연동한다. 잘한 사람에게는 기념품도 준다. 인정은 사람을 지속하게 한다. 또 하나, '탄소저금통 포인트' 같은 보상 장치도 붙인다. 돈보다도 "나는 지금 지구에 빚을

덜 지고 있다"는 감각을 일깨운다. 의병에게 필요한 건 거창한 훈장이 아니라, 매일의 작은 확신이다.

펫플로깅의 진짜 가치는 쓰레기 몇 개를 줍느냐에만 있지 않다. 반려견과 함께 걷는 시간은 도시에서 가장 반복되는 시간 중 하나다. 그 반복을 한 번만 꺾으면 습관이 된다. 습관이 되면 다른 사람에게 전염된다. 아이들은 먼저 본 것을 따라 하고, 어른들은 뒤늦게 '당연한 일'로 받아들인다. 자원순환은 그렇게 '상식'이 된다. 우리는 정책을 밀어 넣는 대신, 상식이 자라나는 토양을 만든다.

실상 거리의 의병만으로는 도시의 순환이 완성되지 않는다. 줍는 손이 있다면, 버리는 손도 편해져야 한다. 버리는 행위가 번거롭고 비싸면, 사람은 몰래 버린다. 불법 투기는 도시의 피부를 가장 먼저 망가뜨린다. 그렇기에 자원순환 정책에서 내가 특히 중요하게 보는 건 '수거 체계'다. 시민이 체감할 수 있는 수거 체계. 몸이 먼저 반응하는 제도.

가장 큰 변화는 폐가전이었다. 예전에는 스티커를 사서 붙이고, 신청 방법도 집 형태에 따라 달라 불편이 컸다. 우리는 2024년 3월부터 폐가전 수거 체계를 크게 바꿨다. 크기에 관계없이, 수수료 없이 배출할 수 있도록 했다. '대형폐기물 스티커를 붙이지 말라'고도 안내한다. 큰 가전은 신청하면 무상 방문 수거가 가능하다. 소형 가전은 여러 개를 모으면 방문 수거로, 또 어떤 지역은 순회 수거로 연결된다. 중요한 건 '돈을 아끼는 것'만이 아니라 '마음의 장벽을 낮추는 것'이다. 시민이 망설이지 않게 만들면 방치되는 물건이 줄고, 그만큼 도시의 골목이 깨끗해진다.

여기에는 또 하나의 목표가 있다. 폐가전을 100% 자원화하는 것. 가전은 철과 플라스틱은 물론이고, 희소한 금속과 부품의 집합체다. 제대로 수거

되면 재료가 되고, 흩어져 버려지면 오염이 된다. 우리는 신고만 하면 수거되도록 문턱을 낮추고, 아파트와 단독·연립 같은 거주 형태의 차이를 제도적으로 메우려 했다. "어디에 사느냐"가 "어떻게 버리느냐"를 결정하지 않게 만드는 것이 시민 체감형 행정의 기본이다.

수거 체계는 가전에서 끝나지 않는다. 도시에는 늘 '대형'이 있다. 대형폐기물, 그리고 공사장 생활폐기물. 이 두 영역에서 문제가 생기면, 도시가 곧장 거칠어지고 무거워진다. 가구 하나가 길가에 며칠 서 있는 것만으로도 사람들은 "여기 관리가 안 되네"라고 느낀다. 공사장에서 나온 폐기물이 아무 데나 쌓이면, 안전과 환경의 문제를 일으킨다. 이에 따라 우리는 신고와 수거, 선별과 처리를 더 구체적으로 다듬고, 책임을 분명히 하며, 불법 투기의 유혹을 줄이는 방향으로 체계를 다듬어 왔다. 자원순환은 결국 '버리는 순간'을 관리하는 일이다.

나는 이 체계를 '스마트'하게 만드는 일을 중요하게 봤다. 스마트라는 말이 기술을 돋보이려고 쓰면 공허해진다. 실제로 생활의 불편을 덜어줄 때 스마트는 힘이 된다. 광명은 재활용품 무인수거함을 늘려 왔다. 투명 페트병과 우유팩을 넣으면, 그 순간 분리배출이 '행동'으로 끝나지 않고 '기록'이 된다. 기록이 되면 사람들은 다시 한다.

2025년 12월 기준으로 무인수거함은 동 행정복지센터, 시청, 도서관, 공원 같은 곳으로 퍼져 있다. 시민이 자주 가는 곳에 있어야 한다는 원칙을 지키려 했다. 멀리 있는 친환경은 오래 못 간다. 가까운 친환경만이 지속된다.

이 무인수거함은 시민에게 '버리는 수고' 대신 '자원화하는 즐거움'을 건네는 장치다. 분리배출을 도덕으로 설교하지 않고, 게임이나 기록 또는

폐가전 제품
이렇게 배출하세요!
폐가전 크기 및 수량에 관계없이
무상배출이 가능합니다.~
스티커 부착하지 마세요!

작은 성취처럼 만들어 주는 방식이다. 실제로 운영 초기에도 투명 페트병과 종이팩이 꽤 많은 양으로 모였고, 적립과 참여가 누적되며 체감이 생겼다. 나는 이런 데이터를 볼 때마다 한 가지를 확신한다. 사람은 하기 싫어서 안 하는 것보다, 귀찮아서 안 하는 경우가 더 많다는 사실. 귀찮음을 줄여주는 것이 정책이다.

기후의견이 산책로를 순찰하는 의병이라면, 무인수거함은 동네의 작은 초소다. 초소가 많아지면 사람들은 더 쉽게 들르고, 더 자주 버리며, 더 정확히 분리한다. 그 정확함이 쌓이면 '재활용'의 품질이 올라간다. 품질이 올라가면, 재활용은 비용이 아니라 가치가 된다. 우리는 업사이클아트센터에서 '이름'을 붙이고, 거리에서는 '초소'를 세운다. 손의 공방과 동네의 초소가 연결될 때, 자원순환은 도시의 윤리가 된다.

나는 종종 시민에게 이렇게 말하고 싶다. '탄소중립은 멀리 있는 과제가 아니라, 오늘의 습관이다'라고. 습관은 혼자서 만들기 어렵다. 옆에서 같이 걷는 사람이 있어야 하고, 걸은 뒤에 버릴 수 있는 곳이 있어야 하며, 버린 것이 다시 쓰이는 구조가 보여야 한다. 따라서 도시가 해야 할 일은 시민에게 "더 열심히 하라"고 말하는 게 아니라, 시민이 '자연스럽게 하게 되는 길'을 깔아주는 것이다.

광명에서 일상의 의병들은 거창한 구호를 들고 행진하지 않는다. 그들은 반려견과 함께 걷는다. 조끼를 입고, 집게로 쓰레기를 주우며, 유기견 입양을 알린다. 분리배출함 앞에서 잠깐 멈춰 투입구를 확인한다. 누군가는 낡은 가전을 신고하고 문 앞에 내놓는다. 누군가는 공사 후 남은 것들을 규정대로 처리한다. 이런 작은 장면들은 언뜻 흩어져 보이지만, 도시의 입장에서는 하나의 문장으로 이어진다. '덜 버리는 도시'는 '더 책임지는 시민'에서 시작된다.

결국 자원순환은 거대한 시설이 아니라, 작은 표준에서 완성된다. 표준은 행정이 만든다. 표준에서는 시민이 살아준다. 광명은 그 순서를 바꾸지 않으려 한다. 시민의 습관이 먼저이고, 행정은 그 습관을 제도로 받쳐준다. 그러면 그 제도가 다시 다른 시민의 습관이 된다. 이것이 도시가 스스로를 건강하게 만드는 방식이다. 그리고 나는 그 건강함이, 이 도시의 가장 조용한 자부심이라고 믿는다.

광명은 이제 광명·시흥 3기 신도시를 설계하며, 도시의 대사(Metabolism) 전 과
정을 순환 구조로 짜고 있다. 쓰레기와 재활용, 에너지 효율화를 생활권 내에서
실시간으로 모니터링하고 관리하는 스마트 자원순환 시스템을 도입할 계획이다.
자원순환이 '착한 운동'을 넘어 '도시의 강력한 경쟁력'이 되는 날, 광명은 비로소
미래 세대에게 부끄럽지 않은 정직한 도시가 될 것이다.

제5장

사회연대경제

상생과 연대로 빚는
따뜻한 경제

사회연대경제는 도시라는 경제 생태계에서 '숲의 미생물'과 같다. 겉으로는 거대 기업이라는 큰 나무들만 보이지만, 보이지 않는 곳에서 미생물들이 유기물을 분해하고 영양분을 순환시키며 숲 전체를 살찌우듯 사회적 경제는 지역 구석구석에 신뢰라는 영양분을 공급한다. 이는 도시가 쉽게 무너지지 않도록 지탱하는 기초 대사와 같다.

빵을 팔기 위해
고용하는 것이 아니다

어떤 경제는 속도로 성장하지만, 어떤 경제는 신뢰로 버틴다. 사회연대경제는 자본주의 시장경제가 놓친 인간의 존엄과 공동체의 가치를 복원하고, 지역 안에서 서로의 필요를 채우며 함께 생존하는 '모두를 위한 경제'를 만드는 전략이다.

경제 얘기를 하면서 내가 자주 떠올리는 건 '공장'이 아니라 '빵집'이다. 도시가 깨어나는 시간, 골목 어귀에서 새벽 첫 불이 켜지고 오븐이 달아올라 반죽이 부풀어 빵이 되는 그 과정이 이상하게도 도시경제의 본질과 닮았다.

빵은 거창하지 않다. 밥처럼 매일 먹고, 하루를 살아낸다. 대개는 가격을 먼저 보고, 가끔은 유통기한을 확인한다. 그런데 그 소박한 빵이, 어떤 순간에는 도시의 철학을 통째로 드러내는 상징이 된다.

"우리는 빵을 팔기 위해 고용하는 것이 아니라, 고용하기 위해 빵을 판다."

이 문장은 미국의 사회적 기업 '루비콘Rubicon 베이커리'의 모토로 알려져 있다. 나는 시정을 하면서 이 문장을 자주 떠올렸고, 일부러 회의 자리에서 입 밖으로 꺼내기도 했다. 도시가 경제를 말할 때, 목적지를 잃기 쉬워서다.

경제는 속도로 성장할 때가 있다. 매출, 생산, 유입, 투자, 순위. 이런 지표들이 경쾌하게 오르면 도시가 잘 돌아가는 것처럼 보인다. 하지만 도시를 실제로 살게 하는 건 속도만이 아니다. 경제는 신뢰로 버티기도 한다. 눈에 잘 안 보이는 신뢰가 바닥에서 도시를 받치고, 그 위의 속도를 흔들리지 않게 한다.

신뢰는 쉽게 만들어지지 않는다. 나는 경제 정책의 목표 실현은 이 신뢰를 얼마나 두텁게 만들 수 있느냐에 달려 있다고 본다. 그래서 '성장' 만큼이나 '복원'이라는 단어가 중요해진다. 시장의 경계 밖으로 밀려난 사람의 존엄, 경쟁에서 탈락한 뒤에 남는 삶의 균열, 혼자서 감당하기 어려운 돌봄과 생계의 구멍. 그걸 다시 이어 붙이는 힘이 없다면, 경제는 빨라 보여도 금방 부서진다.

사회연대경제를 나는 종종 '숲의 미생물'에 비유해 왔다. 숲을 멀리서 보면 큰 나무만 보인다. 줄기 굵은 나무들이 숲을 다 지탱하는 것 같지만, 실제로 숲을 살리는 건 보이지 않는 바닥의 대사다. 미생물들이 유기물을 분해하고, 영양분을 순환시키며, 뿌리가 썩지 않게 균형을 잡아준다.

사회연대경제도 마찬가지다. 겉으로 화려한 대기업의 성장이 도시를 이끄는 것처럼 보이지만, 도시의 골목과 생활권에서 신뢰를 순환시키는 작은 경제가 없으면 도시의 체력은 금방 떨어진다. 사회연대경제는 '착한 기업'을 칭찬하는 데서 끝나면 안 된다. 보조금을 조금 주고, 행사 한 번

하며, 스토리로 소비하고 끝내는 순간 사회연대경제는 존립 근거를 잃어버린다.

사회연대경제는 도시의 대사다. 지역 안에서 서로의 필요를 알아보며, 거래가 단절된 곳에 다시 연결을 만들고, 일자리가 끊긴 사람에게 '재시작의 자리'를 제공하는 방식으로 도시를 버티게 한다. 그리고 이 '대사'는 하나의 간판으로만 움직이지 않는다.

사회연대경제는 여러 형태의 모습으로 존재한다. 협동조합이 있고, 사회적 기업과 마을기업, 자활기업이 있다. 사회적 협동조합처럼 '이윤의 분배'보다 '공익의 목적'을 더 앞에 두는 법적 형태도 있다.

협동조합만 해도 소비자가 모여 생활의 비용을 낮추는 소비자협동조합, 생산자가 함께 판로와 설비를 공유하는 생산자협동조합, 노동자 스스로가 일터의 주인이 되는 노동자협동조합이 있다. 돌봄·환경·교육처럼 여러 이해관계자가 함께 책임을 나누는 다중이해관계자 협동조합도 빼놓을 수 없다.

사회적 기업은 취약계층의 일자리를 만드는 방식이다. 이는 도시의 공백을 메우기도 하고, 돌봄·교육·문화 같은 사회 서비스를 제공하며 시장의 맹점을 보완하기도 한다. 마을기업은 '우리 동네의 문제를 우리 돈과 우리 손으로 풀어보자'는 결심에 가깝고, 자활기업은 다시 일어설 사람에게 경력을 복원하고 생활을 재건하는 발판이 된다. 이들의 형태는 달라도 공통점은 하나다. 수익을 부정하지 않되, 수익의 방향을 사람에게 돌려놓는 것이다. 돈을 끝으로 삼지 않고, 사람이 끝이라는 것을 조직의 구조로 증명한다.

사회연대경제는 '업종'이 아니라 '방식'이고, '사업'이 아니라 '관계'다. 그래서 "빵을 팔기 위해 고용하는 것이 아니라, 고용하기 위해 빵을 판다"는 그 문장이 더 날카롭게 다가온다. 이건 '수익을 무시하자'는 말과는 다르다. 오히려 수익을 더 정교하게, 더 책임 있게 다루자는 말이다. 빵을 팔려면 품질이 있어야 하고, 유통이 있어야 하며, 고객이 다시 오게 만드는 신뢰가 있어야 한다. 그 모든 과정이 '고용'이라는 목적과 연결될 때, 경제는 숫자 너머의 문장을 갖게 된다.

일자리는 단순히 월급으로 환치되지 않는다. 일자리는 하루의 리듬이고, 관계의 회복이며, '내가 쓸모 있다'는 감각의 재건이다. 특히 경력 단절, 돌봄 부담, 장애, 고령, 이주, 부채, 질병 같은 장벽을 가진 사람에게 일자리는 복지와 동일한 무게를 갖는다.

나는 도시가 '일자리'를 복지의 하위 항목처럼 다루지 않았으면 했다. 오히려 복지의 핵심이 일자리일 때가 많다. 일자리가 있어야 삶이 서고, 삶이 서야 공동체가 서며, 공동체가 서야 민주주의가 지속된다.

광명은 사회연대경제기업을 키우는 일을 경제전략으로 다룬다. 그 수가 몇 년 사이 눈에 띄게 늘었다. 2019년 86개였던 광명시 사회적 경제기업이 2024년 기준 180개가 되었다. 이 기록은 도시의 생존 방식이 변화하고 있음을 보여준다. 사회연대경제기업의 증가는 동시에 개개인의 삶들이 서로 연결되기 시작했다는 뜻이기도 하다.

중요한 건 이제부터다. 양이 늘면 다음 질문이 따라온다. "지속 가능한가", "먹고살 수 있는가", "다음 해에도 버틸 수 있는가" 등이다. 그래서 우리는 양적 성장 이후 질적 성장을 이야기해 왔다. 2025년부터는 사업 안정화와 모델 고도화 같은 방향을 강조하고 있다. '질'이란 말 그대로 기술과 경영의 문제이기도 하고, 동시에 신뢰를 더 정교하게 설계하는 문제이기도 하다.

양질의 물품이나 용역을 생산하자면, 사람을 혼자 뛰게 두면 안 된다. 우리가 붙여 주려 한 것은 '버티는 기술'이다. 세무·회계 지원, 노무관리 컨설팅, 고도화 컨설팅, 현장의 문제를 정확히 겨냥한 특화 컨설팅. 이런 것들은 눈에 잘 띄는 빅 이벤트는 아닐지 몰라도, 도시의 미생물 같은 일이다. 매일 반복되고 잘 드러나지 않지만, 이 반복이 없으면 생태계는 금방 썩는다.

구조는 공간을 필요로 한다. 신뢰도 결국 만날 곳이 있어야 생긴다. 나는 사회연대경제가 '각자도생'의 섬이 되지 않게 하려면, 협업하며 배우고 실험하면서 판매까지 이어지는 거점이 필요하다고 생각해 왔다. 그것이 바로 우리가 준비해 온 사회적경제혁신센터 같은 기반이다. 그 공간은 서로의 경험을 교환하고 협업을 만들고, 제품을 보여주며, 시민이 들어와 소비로 연대할 수 있는 '경제의 마당'이어야 한다. 돈이 모이는 곳만 번쩍이게 두지 않고, 사람이 다시 일어서는 곳에도 불이 켜지게 하는 선택. 그게 센터 하나로 끝나지는 않겠지만, 적어도 방향은 분명해진다.

사회연대경제를 두고 "시장에 맡기면 되는 것 아니냐"는 말이 나온다. 그런데 시장은 '생산성'이 높은 사람에게 기회를 집중시키는 데 능숙하다. 반대로 말하면, 생산성이 낮아 보이는 사람을 쉽게 배제한다. 그 배제가 반복되면 도시의 한 쪽은 과열되고, 다른 쪽은 냉각된다. 과열과 냉각이 공존하는 도시는 오래 못 간다. 공동체가 갈라지고, 분노가 쌓인다. 결국 그 분노가 정치와 행정을 마비시킨다. 그러므로 사회적 경제는 '착해서' 하는 게 아니라 '살아남기 위해' 하는 전략이다. 모두를 위한 경제는 현실적 생존술이다.

내가 말하고 싶은 건, 경제의 목적지가 "얼마나 팔았는가"에서 끝나면 안 된다는 거다. "얼마나 고용했는가"도 단순히 통계로만 세면 부족하다. 사회연대경제가 만드는 건 신뢰다. 신뢰는 돈보다 무겁다. 돈은 빠져나가도 신뢰는 남는다. 신뢰가 남아 있으면 경제는 되돌아온다. 반대로 돈이 남아 있어도 신뢰가 사라지면 경제는 멈춘다.

광명이 사회적 경제를 키운다는 건, '함께 일하고 함께 거래하며 함께 버티겠다'는 뜻이다. 빵을 파는 이유가 거기에 있다. 빵이 맛있어야 하고, 장사가 되어야 한다. 그래야 고용이 유지된다. 그렇지만 그 고용이 '목적'이 될 때 경제는 사람을 향한다. 속도만 자랑하는 도시가 아니라, 신뢰로 버티는 도시. 겉으로 반짝이는 나무만 키우는 도시가 아니라, 보이지 않는 미생물의 노동까지 존중하는 도시. 그런 도시라면, 위기가 와도 완전히 무너지지 않는다. 숲이 한 번 흔들려도, 뿌리가 살아 있으니까.

대한민국 8번째
공정무역 도시

광명은 시민이 이윤보다 사람을 먼저 생각하는 세계 시민으로 성장하길 바랐다. 우리는 공정무역 활동가를 양성하고, 학교와 가게를 연결하며, 시민의 소비가 저개발국 생산자의 삶을 지키는 글로벌 연대로 이어지게 했다. 이러한 윤리적 소비문화는 광명경제를 더욱 품격 있게 만드는 보이지 않는 힘이 되었다.

나는 광명경제를 이야기할 때 '규모'나 '성장률'만으로 설명하고 싶지 않았다. 그 지표들만을 읽을 때는 시민의 얼굴이 잘 보이지 않는다. 사회연대경제를 이야기한 것도 그 때문이고, 공정무역을 도시의 의제로 끌어올린 것도 그 연장선에 있다.

공정무역은 겉으로 보면 소비의 문제처럼 보인다. 커피를 어떤 걸 사느냐, 초콜릿을 어떤 걸 고르느냐, 바나나를 한 송이 더 집느냐 마느냐 하는 것과 같이 너무 작아서 정치라고 부르기 민망한 크기의 선택들이다. 하지만 나는 오히려 그 작은 선택이 도시의 품격을 만든다고 믿는다.

세계 어딘가에서 누군가는 땀값을 못 받고, 누군가는 위험을 떠안으며, 누군가는 다음 세대를 포기한다. 우리는 그 얼굴을 모르기 때문에 쉽게 잊는다. 공정무역은 잊지 않게 만드는 장치다. "너의 일상은 누군가의 생존과 연결되어 있다"는 사실을, 물건에 붙은 작은 인증 마크 하나로 다시 생각하게 한다.

광명이 공정무역도시가 된 건 이런 생각이 도시의 결심으로 굳어진 결과였다. 광명은 2020년 국내 8번째 공정무역도시로 인증을 받았다. '8번째'라는 건 순번의 문제를 떠나, 그만큼 드물었다는 뜻이고, 한 도시가 스스로의 경제를 '윤리'라는 언어로 설명하기 시작했다는 뜻이다.

시장경제 안에서 윤리를 말하면, 사람들은 종종 고개를 갸웃한다. "착하게 팔면 남는 게 있나?", "좋은 마음은 좋은데 현실은 다르잖아" 같은 말들이 나온다. 나는 이와 정반대로 생각한다. 장기적으로 남는 건 '신뢰'다. 신뢰가 있는 시장은 덜 속이고, 덜 착취하며, 덜 무너진다. 공정무역은 그 신뢰를 세계 규모로 확장하는 방식이다. 그리고 그런 신뢰의 문화가 쌓이면, 도시경제는 값싼 경쟁이 아니라 품격 있는 경쟁으로 옮겨간다. 나는 광명이 그런 방향으로 가길 바랐다.

공정무역도시는 그냥 선언한다고 되는 게 아니었다. 기준과 평가가 있고, 시민사회와 행정이 함께 움직여야 한다. 국제 공정무역도시 인증 체계는 국제 공정무역마을위원회 기준에 따라 운영되고, 한국에서는 한국 공정무역마을위원회가 그 인증을 맡아 평가하는 구조로 소개되어 있다. 그러니까 '공정무역도시'라는 이름은 행정이 혼자 만들 수 없다. 도시 안에서 공정무역을 실천하는 가게와 기관이 실제로 늘어나야 하고, 교육과 캠페인이 반복되어야 하며, 시민이 그 의미를 자기 언어로 말할 수 있어야 한다.

공정무역은 결국 '생활의 정치'라서, 생활 속으로 들어가지 못하면 금방 마른다. 이를 고려해 우리는 먼저 기반을 만들었다. 광명시는 2019년에 공정무역 지원과 육성을 위한 조례를 만들고, 2020년 공정무역위원회를 구성했다. 조례는 방향이고, 위원회는 손과 발이다. 행정이 '좋은 일'이라고 말만 하는 걸로는 도시가 움직이지 않는다. 누군가는 계속 회의를 하고, 계획을 세우고, 현장을 돌며, 학교와 상점과 기관을 설득해야 한다. 그 과정에서 제일 중요한 건 '사람'이다.

우리는 공정무역 활동가도 양성했다. '활동가 양성'이라는 말이 거창하게 들릴 수 있지만, 사실은 아주 현실적인 일이었다. 도시가 새로운 문화를 만들려면, 그 문화를 매일 만지는 사람들이 필요하다. 행정은 나날이 바뀌고, 담당자는 순환 보직으로 바뀐다. 하지만 시민의 습관을 만드는 건 시민이다. 결국 지속성은 시민에게서 비롯한다.

공정무역의 힘은 연결에서 나온다. 생산자와 소비자를 연결하고, 먼 나라의 노동과 내 손의 구매를 연결한다. 도시 안에서도 마찬가지다. 학교와 가게를 연결하고, 아이들의 교실과 동네의 매대를 연결해야 한다. 공정무역이 세계 시민교육이라면, 그 교육은 교과서로만 되지 않는다.

아이가 직접 공정무역 초콜릿을 먹어보고, 바나나를 보면서 "왜 이게 공정하다고 말하는지" 물으며, 어른이 그 질문에 답하면서 함께 배운다. 나는 이런 장면이 좋다. 공정무역은 도덕을 주입하는 게 아니라 질문을 키우는 쪽에 가깝다. "싸게 사는 게 항상 옳은가?", "내가 지불한 가격은 누구에게 얼마나 돌아갈까?", "좋은 소비는 누구의 삶을 지킬까?" 등의 질문이 늘어나는 순간, 시민은 시장의 '소비자'이면서 세계의 '공동 거주자'

공정무역도시
광명해요!
무역도시
명해요!
공정무역도시
광명해요!
무역도시
명해요!
공정무
광명
2024
제5회
정무역
장소 | 광명시 평생
광명시평생학습원
Gwangmyeong Lifelong Lea

가 된다.

이런 움직임은 통계로도 남아 있다. 광명시는 공정무역 실천기관과 가게를 발굴하고, '공정무역 오픈박스' 같은 프로그램을 운영하며 인식을 확산했다. 2022년에는 신규 공정무역 가게 4곳을 지정했고, 교육과 캠페인에 시민 2,140여 명이 참여했다. 내게 이 숫자는 도시의 언어가 바뀌는 속도를 보여준다. '공정무역'이라는 낯선 단어가 시민의 입에 오르고, 생활 속에서 사용되기 시작했다는 흔적이다. 단어가 일상으로 들어오면, 행동도 따라 들어온다. 행동이 들어오면, 도시는 서서히 성격을 바꾼다.

나는 공정무역을 '경제 정책'이라기보다 '도시교육'이라고도 생각한다. 다만 여기서 교육은 위에서 아래로 가르치는 것이 아니라, 도시가 시민과 함께 배우는 학습이다. 광명에서 공정무역이 자라난 과정은 사회적 경제가 자라는 방식과 닮았다. 겉으로는 작은 가게 하나, 작은 캠페인 하나, 축제의 하루처럼 보이지만, 그 밑에서 '신뢰'가 누적된다. 공정무역 가게가 늘어난다는 건, 단지 판매처가 늘어난다는 뜻에 머물지 않는다. 공정무역 가게는 동네 한복판에 놓인 작은 선언이다.

"이 가게는 이윤만을 최고의 가치로 삼지 않는다."

그 선언이 하나씩 늘어나면, 시민은 선택지를 얻는다. 선택지가 생기면, 시장도 조금씩 바뀐다. 시장이 바뀌면, 경제는 더 인간적인 속도로 숨을 쉬게 된다.

공정무역도시 광명의 장면을 떠올리면, 나는 '아이들'이 먼저 생각난다. 2024년 5월에 열린 '광명 공정무역 페스타'에는 시민 800여 명이 참여했고, 현장에서 어린이들이 공정무역을 체험했다. 나는 이런 장면에서 희망을 본다. 아이들이 '공정한 거래'라는 말을 놀이처럼 몸에 붙이고, 바나나

나무에 메시지를 달며, 전시를 구경한다. 어른들의 세계에서는 공정과 윤리가 늘 복잡한 계산으로 밀려나지만, 아이들에게는 오히려 단순하다.

"누군가가 덜 아프게, 덜 억울하게 살았으면 좋겠다."

그 단순함이 도시의 윤리를 지키는 시작점이 된다. 우리는 그 시작을 잃지 않으려 했다.

공정무역은 결국 '도시의 연대'다. 연대는 멀리 있는 누군가를 동정하는 마음이 아니다. 나와 연결된 세계를 인정하는 현실감이다. 광명시가 공정무역도시로서 함께 실천해 온 기관들도 그런 연대의 구체적인 얼굴이다. 광명서초등학교, 광명시청소년재단, 하얀종합사회복지관, 넓은세상작은도서관과 글빛누리작은도서관 같은 기관들, 그리고 기업과 협동조합까지 공정무역 실천기관으로 뜻을 함께하고 있다. 나는 이 구성이 중요하다고 본다. 학교만의 운동이거나, 행정만의 사업 또는 시민단체만의 캠페인과도 다르다. 교육과 복지, 청소년과 문화와 경제가 한데 얽혀야 '도시의 습관'이 된다. 공정무역이 도시의 습관이 되는 순간, 윤리적 소비는 개인의 결심을 넘어 도시의 문화가 된다.

나는 가끔 이런 상상을 한다. 어떤 시민이 동네 가게에서 공정무역 커피를 한 봉지 산다. 그 봉지는 그날 저녁 식탁 위에 놓인다. 가족이 커피를 내리며 얘기한다.

"이건 공정무역이래."

"그게 뭐야?"

"저기 먼 나라 농부한테 정당한 값을 주는 거래래."

그 대화는 몇 분이면 끝난다. 하지만 그 몇 분이 쌓이면, 아이의 세계관이 바뀐다. 세계가 바뀐다는 건 정치가 바뀐다는 뜻이고, 정치는 다시 도시의 정책을 바꾼다. 그러니까 공정무역은 소비에서 시작하지만, 결국은 민주주의로 이어진다. 시민이 스스로 '옳음'의 기준을 묻고, 그 기준에 따라 선택하는 능력. 그게 주권자의 태도다.

나는 공정무역을 '착한 소비'라고만 부르고 싶지 않다. '착하다'는 말은 때로 부담이 되고, 피곤해지기 쉽다. 나는 차라리 '정확한 소비'라고 말하고 싶다. 내가 무엇을 사는지, 그 물건 뒤에 어떤 노동이 있고 어떤 삶이 있는지, 조금 더 정확히 아는 소비. 그리고 그 정확함이 도시를 더 건강하게 만든다. 값싼 경쟁으로 서로를 깎아 먹는 경제가 아니라, 사람을 남기고 관계를 남기는 경제. 광명은 그쪽으로 방향을 잡아왔다.

공정무역도시라는 이름은 도시의 경제를 '품격'이라는 잣대로 다시 재단해 보겠다는 선언이기도 하다. 우리는 2020년 국내 8번째 공정무역도시가 되었고, 2022년 8월 재인증을 완료했다. 이 말은 한 번 이벤트로 끝내지 않았다는 뜻이다. 도시가 스스로 만든 약속을 재점검하고, 다시 이어가기로 했다는 말과 같다.

도시의 품격은 선언이 아니라 반복에서 생긴다. 윤리적 소비문화도 마찬가지다. 매년 축제 한 번으로 만들어지지 않는다. 학교에서, 도서관에서, 복지관에서, 동네 가게에서, 시민의 대화 속에서 계속 살아 있어야 한다.

나는 결국 이 일이 광명의 경제를 '더 품격 있게 만드는 보이지 않는 힘'이라고 믿는다. 그 힘은 통계표에 잘 잡히지 않는다. 그래도 도시를 오래 지탱하는 건 늘 그런 힘이다. 사람을 먼저 생각하는 경제, 관계를 먼저 챙기는 소비, 먼 나라의 생산자와도 연결되어 있다고 믿는 시민이 많아질수록 광명은 단단해진다.

사회연대경제가 숲의 미생물처럼 도시를 지탱한다면, 공정무역은 그 숲

을 세계와 물길로 이어지게 한다. 물길이 맑아야 숲이 산다. 우리는 그 물
길을 조금 더 공정하게 만들고 싶었다. 그리고 그 공정함이 결국, 광명이
라는 도시의 얼굴을 더 따뜻하게 만들 거라고 믿는다.

광명사랑화폐와
골목상권 지키기

경제적 자립은 부의 축적이 아니라 부의 선순환에서 나온다. 우리는 광명사랑화폐를 통해 지역의 자본이 외부로 유출되지 않고 골목상권으로 흐르는 '거대한 혈관'을 뚫었다.

나는 지역경제를 말할 때마다 성장보다 순환이라는 단어를 먼저 생각한다. 많이 쌓는 부가 아니라, 끊기지 않는 흐름. 그 흐름이 살아 있을 때 도시는 쓰러지지 않는다.

광명사랑화폐는 그 흐름을 만들기 위해 뚫은, 하나의 굵은 혈관이다. 지역화폐를 단순히 할인쿠폰으로만 보면 본질을 놓친다. 지역화폐는 돈의 의지를 바꾸는 장치다. 돈이 어느 방향으로 걷는지, 어느 경로에서 빠져나가는지, 어디에서 막히는지—그걸 드러내고, 다시 설계하게 만든다. 광명사랑화폐는 2019년부터 '지역 안에서 쓰는 돈'이라는 규칙을 통해 역외 유출을 줄이고 관내 유통을 늘려 지역경제를 살리겠다는 목적을 분명히 해 왔다. 그 목적은 평소에는 천천히 작동하지만, 위기에서는 구조의 힘으로 드러난다.

코로나19 때가 그랬다. 위기 앞에서 행정이 할 수 있는 말은 한정되어 있다. "힘내자"는 문장만으로 임대료가 내리지 않는다. 그때 중요한 건, '돈이 어디로 흘러가게 하느냐'였다. 지원금을 현금처럼 흩뿌리면 잠깐의 위로는 되지만, 골목을 살리는 구조로 남지 않을 수 있다. 반대로 지원금을 지역화폐로 묶어주면, 돈은 도시 안에서 몇 번 더 숨을 쉰다. 한 번 결제로 끝나지 않고, 지역 안에서 다시 결제되고 재고용으로 이어지는 돈이 된다. 그래서 민생의 처방은 단순히 "얼마를 줄 것인가"가 아니라 "어디에서 쓰이게 할 것인가"로 완성된다.

그 이후 우리는 광명사랑화폐를 '평상시의 경제 근육'으로 만들고자 했다. 2024년에는 경기침체로 위축된 골목상권을 살리기 위해 '위기 때만 쓰는 특수한 도구' 차원을 넘어 더욱 활성화했다. 4월 기준 발행액이 701억 원에 이르고연간 목표 1,200억 원 대비 58%, 가맹점도 3월 말 기준 1만 323개소로 늘었다. 이 지표는, '혈관이 실제로 연결되고 있다'는 증거를 구체적으로 보여준다. 혈관이 연결되면 돈은 작은 가게들을 그냥 스쳐 지나가지 않는다. 머물고, 다시 돌아, 다시 사람을 살린다.

2025년의 민생안정지원금은 이 구조가 얼마나 강하게 작동할 수 있는지, 도시가 스스로 증명해낸 사례였다. 광명시는 2025년 1월 23일부터 3월 31일까지 모든 시민에게 1인당 10만 원을 광명사랑화폐로 책정했는데, 최종 신청률은 93.4%였고 총 260억 원이 지급됐다. 사용기한인 4월 30일까지 지급액의 98.9%인 257억 원이 지역 내에서 소비로 이어졌다.

2025년 6월, 시민 3,000여 명과 소상공인 100여 명을 대상으로 한 설문조사에서 시민의 64.6%가 지원금 지급 이후 광명사랑화폐 사용이 늘었다고 응답했다. 실제로 1차 민생회복 소비쿠폰의 지역화폐 신청률은 54.3%, 2차는 55.7%로, 경기도 1위를 기록했다. 이는 경기도 평균 신청률보다 약 2.4배 높은 수치다.

음식점·식료품점·편의점 등 생활밀접 업종의 매출이 눈에 띄게 상승하고, 미용·의류·문화 분야에서도 고른 성장세를 보이며, 골목상권 전반에 활기가 돌기 시작했다. 아울러 시민의 84.6%가 정책에 만족했고, 83.6%가 가계경제에 도움이 됐으며, 85%가 지역경제 활성화에 기여했다고 밝혔다. 소상공인의 78.8%도 정책에 만족했고, 81.6%는 상권 활성화에 도움이 되었다고 평가하며 "지원금 지급 이후 소비자들이 한결 여유롭게 구매하는 경향을 보였다", "매출이 늘면서 납품업체에도 발주를 확대할 수 있었다" 등 체감 효과를 구체적으로 드러냈다.

이 숫자는 정책 평가의 문장 하나로 요약되기엔 더 많은 이야기를 품고 있다. 이건 돈이 시민의 지갑에 잠깐 머문 뒤, 다시 골목으로 걸어 들어갔다는 뜻이다. 지원이 '소비'로, 소비가 '매출'로 이어졌다. 매출은 다시 '임금과 재료비'로, 그 비용은 또다시 지역의 다른 가게로 이어지며, 짧지만 확실한 순환의 고리가 만들어졌다.

그 고리는 체감으로도, 분석으로도 확인됐다. 서울대 산학협력단이 '사회계정행렬'SAM 모형으로 분석한 결과를 바탕으로, 257억 원 지출이 총 2,044억 원의 경제효과를 유발했고 취업유발효과는 501명에 달했다고 추정됐다. 경제는 연쇄적으로 효과를 누적한다. 분식집에서 결제된 1만 원은 거기서 끝나지 않는다. 재료를 납품하는 거래처로, 물류로, 또 다른 서비스업으로 옮겨 다니며 도시의 체온을 올린다. 중요한 건 이 연쇄가 지역 안에서 '한 번 더' 이어지느냐, 아니면 '바로 밖으로' 빠져나가 버리

느냐다. 지역화폐는 바로 그 갈림길에서 돈의 발걸음을 돌려세운다.

우리는 여기서 한 걸음 더 들어가야 한다. 순환만으로는 충분하지 않다. 순환은 흐름이고, 자산은 체질이다. 지역경제가 자립하려면 "돈이 돌았다"에서 끝나지 않고, "지역에 남았다"로 가야 한다.

나는 이 지점에서 마저리 켈리와 테드 하워드의 책,『모두를 위한 경제』가 말하는 '지역자산화'라는 개념을 떠올린다. 그들이 말하는 핵심은 분명하다. 포용적인 지역경제를 만들기 위해 '장소'에 기반한 자산을 개발하고, 특히 대학·병원 같은 대규모 비영리 앵커 기관의 자산과 구매력을 지역경제의 토대로 전환하라는 것이다. 즉 지역의 부를 '밖에서 끌어오는 것'만이 아니라 '안에서 소유하고 통제하는 것'으로 다시 설계하라는 주문이다.

이 관점에서 보면, 지역화폐는 시작일 뿐이다. 지역화폐는 모세혈관을 튼튼하게 만드는 도구다. 하지만 도시의 대동맥은 따로 있다. 병원, 공공기관, 공기업, 대기업 사업장, 철도역 같은 거점기관—이 앵커 기관들은 한번 자리 잡으면 쉽게 떠나지 않고, 규모 있는 구매를 지속적으로 한다. 그래서 지역자산화는 이들의 구매와 자원을 지역의 기업, 특히 지역에 뿌리내린 사회적 경제기업과 연결하는 방식으로 작동한다. 켈리는 이런 로컬 전략을 "앵커 기관과 연결하고, 소유를 공동체에 고정시키며, 지역 내에서 돈의 순환을 늘리라"는 원칙으로 정리한다. 더 직접적으로 말하면, 지역경제의 힘은 '몇몇이 소유하는 체제'에서 '더 많은 사람이 소유하고 통제하는 체제'로 옮겨갈 때 커진다.

광명에서 우리가 말하는 '자산화 전략'은 바로 이 방향을 도시 언어로 번역한 것이다. 지역화폐가 시민의 소비를 골목으로 유도하는 장치라면, 자산화는 기관의 구매와 자원을 지역으로 끌어당기는 장치다. 시민의 결제는 따뜻하지만 작다. 기관의 구매는 차갑지만 크다. 이 둘이 같이 움직여야 지역경제는 위로가 아니라 체질이 된다. 그래서 우리는 "병원과 기업이 사회적 경제기업의 물품을 우선 구매하는 구조"를 말한다. 그건 선의를 부탁하는 것이라기보다, 돈의 길을 다시 그리는 일이다.

2025년 12월, 광명시는 '지역공동체 자산화 포럼'을 열고 지역순환경제 활성화를 논의했으며, 관내 주요 공공기관·공기업·병원 등 14개 거점기관이 지역공동체 자산화 구축과 지역순환경제 활성화를 위한 업무협약을 맺었다. 여기서 내가 보고 싶은 건 행사 사진이 아니다. '우선구매'라는 단어가 실제 계약서와 발주서에 찍히는가, 지역기업의 매출이 고용으로 이어지는가, 그 고용이 다시 복지와 교육의 지출로 연결되는가—이 실무의 연쇄다. 지역자산화가 철학으로만 남으면 아무것도 바뀌지 않는다. 하지만 앵커 기관의 구매가 지역에 뿌리내린 기업들로 연결되기 시작하면, 지역화폐로 만들어낸 모세혈관의 흐름이 대동맥과 만나면서 도시의 혈류는 완전히 달라진다.

나는 이 흐름을 부의 축적과 구분하고 싶다. 축적은 금고에 쌓인다. 순환과 자산화는 사람 사이에 쌓인다. 가게에서 결제된 돈이 지역 안에서 다시 돌고, 그 돈이 지역기업의 매출이 되며, 그 매출이 일자리가 되어서 다시 시민의 소비와 세금으로 돌아오는 구조—그게 도시가 스스로 만들어내는 자립의 문장이다. 광명사랑화폐와 민생안정지원금은 '긴급한 혈류'를 만들어 골목을 살렸다. 지역자산화는 그 혈류가 위기 이후에도 사라지지 않도록 '혈관의 소유 구조'를 바꾸려는 시도다.

결국 경제 정책의 질문은 여기로 모인다.

"누가 소유하고, 누가 통제하며, 어디에 남게 했나."

마저리 켈리가 말한 지역자산화는 지역경제를 '성장률'이 아니라 '소유의 민주주의'로 다시 설계하자는 제안이다. 나는 이 제안이 낯설지 않다. '시민주권도시'라는 말은, '경제에서도 주권이 필요하다'는 뜻이기 때문이다. 돈이 지역을 스쳐 지나가는 도시가 아니라, 돈이 지역에 머무르고 지역을 키우는 도시. 그때 골목상권은 도시의 심장 근육이 된다.

가게 문에 붙은 작은 스티커—'광명사랑화폐 사용처'—나는 그걸 볼 때마다 도시의 약속을 본다. 그 스티커는 광고가 아닌 표식이다. "이 도시에서 번 돈이, 이 도시의 사람을 살린다"는 표식. 우리가 해 온 일은 거창한 성장 이야기로 볼 수는 없다. 끊기기 쉬운 흐름을 잇고, 쉽게 새어 나가는 부를 붙잡으며, 그 부가 다시 일자리와 복지와 다음 세대의 기회로 돌아오게 하는 일이다.

민생안정지원금은 그 흐름을 단번에 골목까지 밀어 넣는 마중물이었고, 광명사랑화폐는 그 흐름을 일상으로 만드는 관이며, 지역자산화는 그 흐름이 '우리의 것'으로 남게 만드는 소유의 기술이다. 나는 광명의 경제가 따뜻하다고 말할 때, 감정에 빠지기보다 구조를 논하고 싶다. 돈이 돌고, 돈이 남으며, 돈의 열매가 다시 사람에게 돌아오는 구조가 생기면 시민은 불황 앞에서 무너지지 않는다. 그리고 도시도, 외부의 운에 기대지 않고 스스로를 지탱할 힘을 갖게 된다. 그게 내가 말하는 지역 순환의 혈맥이고, 『모두를 위한 경제』가 내게 다시 확인시켜준 '지역자산화'의 방향이다.

K-아레나와
K-혁신타운

K-아레나

3기 신도시에 5만 석 규모의 공연형 아레나를 유치하여, 광명을 K-콘텐츠 산업의 중심지이자 문화적 자족도시로 도약시키려 한다.

광명시흥 공공주택지구는 약 1,271만㎡ 규모로 계획되고, 6만 7,000호가 들어서는 대규모 프로젝트다. 사업 기간도 길다. 2022년부터 2031년까지. 이건 단순한 주택 공급을 넘어, 서남권의 생활·일자리·문화 구조를 다시 짜는 일이다.

광명시의 목표는 '자족형 명품도시'다. 그런데 나는 '자족'이라는 단어를 그리 선호하지는 않는다. 자족은 자칫 '우리끼리'가 되기 쉽다. 내가 원하는 건 '자립'이다. 외부에 기생하지 않고, 내부에서 순환하는 힘. 주거가 들어오면 일자리가 따라오고, 일자리가 생기면 문화기 지라고, 문화가 자라면 다시 사람이 머무는 구조. 그래서 K-아레나를 꺼내 들었다.

누군가는 말한다. "공연장 하나로 뭐가 달라지냐"고. 맞다. 공연장 하나로는 달라지지 않는다. 그러나 공연장 같은 대규모 문화 인프라는 도시의 미래를 결정하는 상징적 장치가 된다. 사람은 집만으로 정착하지 않는다. 사람은 자기 삶이 재미있을 가능성이 있는 곳에 머문다. 그 가능성이 도시의 온도를 바꾼다.

우리가 추진하는 K-아레나는 5만 석 규모의 공연형을 목표로 한다. 이건 단지 좌석 수의 경쟁이라고 볼 수 없다. K-콘텐츠 산업이 이미 세계의 언어가 되었고, 그 언어를 생산·유통·소비하는 생태계가 도시 단위로 재편되는 시기에 광명도 그 흐름의 변두리에만 서 있을 수는 없다고 판단했다. 나는 2025년 9월, '광명 K-아레나 기본전략 수립 용역' 착수보고회에서 분명히 짚었다.

"광명시흥 3기 신도시를 명품 신도시로 완성하려면 아레나 같은 대규모 문화 인프라가 필요하다."

이건 말로 끝나는 계획이 아니어야 했다. 시는 11월까지 2개월간 대내외 환경 분석, 비전·목표 설정, 기본구상 지침을 구체화하는 용역을 진행하며, 교통 여건과 정부 정책, 법·제도 환경까지 종합해 최적 입지를 도출하기로 했다. 부지가 정해지면 공연장은 물론이고 쇼핑·문화·콘텐츠·관광 기능이 결합한 부대시설 구상까지 포함해 타당성을 구체화한다. '아레나 하나'가 아니라 '도시의 한 구역이 작동하는 방식'을 설계하는 일이다.

행정은 여기서 또 한 번 시험을 받는다. 대규모 프로젝트는 늘 "누가 책임지나"로 무너진다. 이에 대비해 우리는 정책전담 TF를 꾸렸다. 2025년 8월 20일, 부시장을 단장으로 전략기획·산업유치·도시계획·행정지원 등 4개 분과 체계를 잡고 여러 부서와 문화재단이 참여하는 형태로, '유치'를 시스템으로 밀어붙이기 시작했다.

나는 K-아레나를 생각할 때마다, K-혁신타운의 그림자까지 함께 떠올린다. 하나는 과거의 방치된 공간을 미래로 돌려세우는 일이고, 다른 하나는 미래의 거대한 도시 한복판에 '문화의 심장'을 심는 일이다. 둘은 성격이 다르지만, 방향은 같다. 도시가 청년에게 "떠나지 말라"고 설교하는 대신, 떠나지 않아도 되는 조건을 제공하는 일.

다만 나는 여기서 한 가지를 경계한다. 문화 인프라가 '대기업의 쇼케이스'로만 끝나면, 도시는 또 다른 방식으로 텅 빈다. 사람들이 공연장에 왔다가 지역에는 아무것도 남기지 않고 돌아가면, 그건 문화가 아니라 통과다. 그래서 K-아레나가 진짜로 도시를 살리려면, 지역의 상권과 사회적 경제, 생활 서비스와 결합해야 한다. 공연을 보러 온 사람이 골목에서 밥을 먹고, 지역의 상점에서 물건을 사며, 지역의 작은 숙박과 이동 서비스가 함께 성장하는 구조. "문화가 돈을 벌어준다"가 아니라, "문화가 지역의 일자리를 연결한다"가 되어야 한다. 이건 내 고집이다. 도시는 '화려한 장면'보다 '지속되는 생계'로 완성된다. 그래서 나는 K-아레나를 먼저 말한 뒤, K-혁신타운의 빈자리를 다시 채우려고 한다.

K-혁신타운

10여 년간 방치되었던 옛 근로청소년복지관 부지를 청년 창업, 주거, 문화가 공존하는 혁신 거점으로 재탄생시키고 있다. 이는 청년들이 광명에서 꿈을 꾸고 정착하게 하는 강력한 동력이 될 것이다.

우리는 과거의 유산 위에서 새로운 경제의 서막을 준비한다. 도시에는 늘 '남겨진 땅'이 있다. 누군가의 젊음이 닳아빠진 자리, 산업이 물러난 뒤 남은 빈 문장 같은 자리. 그 땅은 시간이 지나면 금방 잡초가 아니라, 감정이

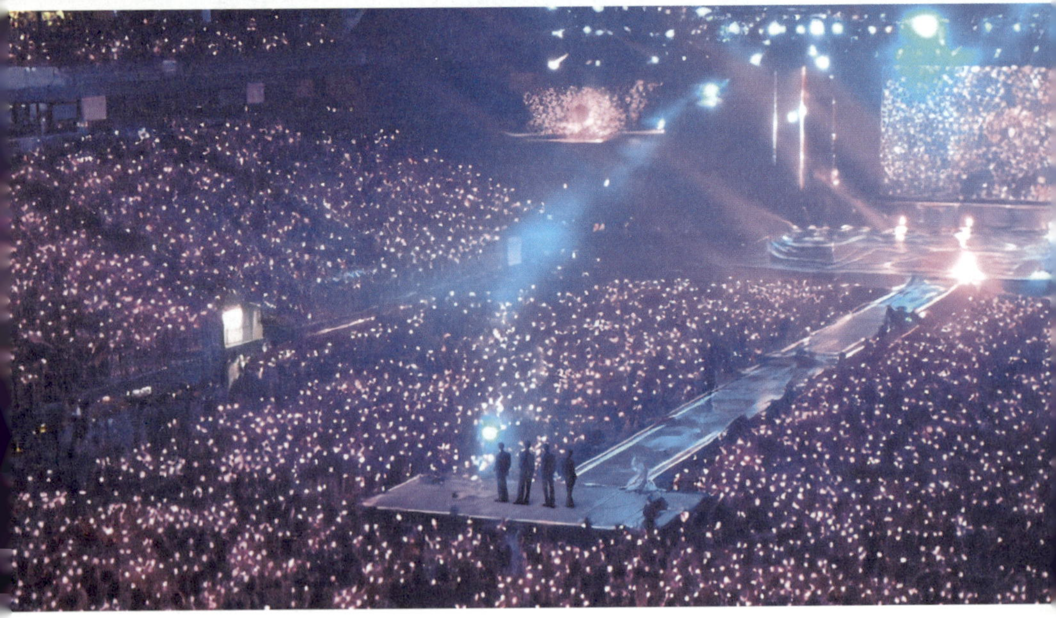

자란다. "왜 이렇게 오래 비워 뒀냐"는 원망, "여긴 어쩐지 위험하다"는 불안, "그때는 사람이 살았는데" 같은 기억. 내가 시정을 맡고 나서 가장 자주 마주친 건, 새로 짓는 설계도보다 '빈자리의 표정'이었다.

하안동의 옛 근로청소년복지관 부지는 그런 표정의 집합이었다. 한때는 구로공단의 배후에서, 일하러 올라온 청소년들의 어깨를 받치던 공간이었다. 그런데 산업이 다른 곳으로 이동하고 사람의 동선이 바뀌면서 그 건물은 도시의 중심부에 남겨진 채 오래 멈춰 있었다. 정부 문서에도 '장기간 미활용'이라고 적혔지만, 현장에서 보면 그 말은 너무 얌전하다. 멈춘 건 건물이 아니라 도시의 의지였으니까.

나는 그 자리를 볼 때마다, '도시는 폐허를 어떻게 대하느냐로 품격이 갈린다'고 생각했다. 한 번 쓰고 버리는 도시가 있고, 남겨진 것을 다시 읽어내는 도시가 있다. 우리는 후자를 택하려 했다. 그렇지만 낭만으로 되는 일은 없었다. 그 부지는 국유지였고, 절차는 길었으며, 이해관계는 엉켜 있었다. 그 엉킴을 풀어내는 일은 결국 '행정'이라는 언어로 시작된다. 시민에게는 단단한 약속이어야 하고, 중앙정부에는 설득 가능한 논리여야 하며, 실행기관에는 책임의 구조여야 한다.

2022년 1월, 기획재정부가 이 부지를 국유지 개발 대상지로 여겨 현장을 살피고, 광명시와 업무협약을 체결하며 '민간·지자체 협업' 방식의 모범 사례로 만들겠다고 밝힌 과정은 선언으로만 그치지 않는다. 나는 그날을 '도시가 중앙의 문서 속으로 다시 들어간 날'로 기억한다. 한동안 방치된 땅이 다시 국가의 계획표 위로 올라온 것, 그 자체가 변화였다.

그 문서 속에 하안동 740 일원, 약 6만 2,301㎡의 토지가액 산정, 주변 교통 여건, 그리고 무엇보다 '무엇으로 채울 것인가'에 대한 방향을 비롯해 철산역과의 거리 약 600m, KTX광명역과의 연결 약 5km 같은 조건을 넣은 명확하다. 이곳은 '외딴 땅'이 아니라 '도시의 심장에 가까운 자리'였다. 우리는 그 자리에, 더 이상 과거의 고립이 아니라 미래의 순환을 만들어야 했다.

그곳의 이름이 'K-혁신타운'이 됐다. 이 땅이 감당해야 할 과제가 원대해서 지어진 이름이다. 청년이 떠나는 도시는 늙는다. 일자리가 없는 도시는 잠만 자는 도시가 된다. 문화가 없는 도시는 숨이 막힌다. 결국 세 가지—창업·주거·문화—가 한 장소에서 맞물려야 했다. 행정이 칸막이로 나뉘어 있는 동안, 시민의 삶은 칸막이 없이 동시에 무너진다. 우리는 그걸 거꾸로 해보려 했다. 한 자리에서 동시에 회복되는 구조. 그래서 청년 창업과 주거, 기업 입주와 일자리 산업, 그리고 문화공원 같은 시민 편의시설을 '한 덩어리'로 묶어내는 구상이 나왔다.

이게 단지 '새 건물 짓기'에만 그치지 않는다는 점이 중요하다. 이 사업을 진행하면서, 우리는 준공 목표를 2030년에서 2028년으로 앞당기는 행정 절차 단축을 끌어냈다. 방치된 건축물의 안전 문제를 더 늦출 수 없다는 이유도 있었지만, 더 근본적으로는 "도시는 기다리다 늙는다"는 확신이 있었다. 행정은 늘 '안전하게' 가고 싶어 한다. 하지만 방치도 위험이다. 미루면 더 큰 비용으로 돌아온다. 그래서 기획재정부, 캠코와 끈질기게 협의하고 절차를 압축해, 2025년 12월 실시계획 인가 이후 2026년 철거와 부지 조성 공사 착수, 2028년 마무리라는 로드맵이 잡혔다.

이 과정에서 내가 자주 꺼낸 말이 있다.

"도시는 건물의 높이로 커지지 않는다. 빈자리를 어떻게 다루는가로 자란다."

K-혁신타운은 새로움의 상징보다 방치의 종결이라는 선언이 되어야 했다. 오래된 공간을 시민에게 되돌려주는 일, 그게 도시가 스스로에게 하는 가장 기본적인 약속이다. 그런데 솔직히 말하면, 이 사업을 하면서 더 큰 질문이 생겼다.

"한 점을 고쳐서 도시 전체가 살아날까?"

K-혁신타운이 아무리 멋지게 완성되어도, 그곳이 섬처럼 고립되면 그냥 또 하나의 시설이 된다. 결국 도시는 '점'이 아니라 '연결'로 먹고 산다. 그렇기에 나는 K-혁신타운을 이야기할 때, 항상 더 큰 지도를 함께 펼친다. 그 지도 안에서 혁신타운과 아레나는 서로의 의미를 완성한다.

혁신타운에 창업과 기업이 들어오고, 청년이 살고, 공원이 숨을 쉬기 시작하면, 문화는 그 위에 올라탄다. 반대로 아레나가 도시의 '방문 이유'를 만들면, 혁신타운은 도시의 '정착 이유'를 만든다. 방문과 정착이 맞물릴 때만, 도시는 관광지가 아니라 생활권이 된다.

광명시흥 공공주택지구가 2031년 준공을 목표로 가는 동안, 우리는 그 긴 시간의 공백을 '기다림'으로만 채우고 싶지 않다. K-혁신타운은 방치된 시간을 회수하는 프로젝트이고, K-아레나는 다가올 시간을 선점하는 프로젝트다. 하나는 낡은 페이지 위에 새로운 문장을 덧쓰는 작업이고, 다른 하나는 아직 오지 않은 책의 첫 장을 미리 펼쳐보는 작업이다.

나는 도시를 '건물의 합'으로만 생각하지 않는다. 도시는 사람이 자기 삶을 설계할 수 있다고 믿게 만드는 환경이다. 그 믿음이 사라지면, 아무리 좋은 아파트를 지어도 사람은 떠난다. 반대로 그 믿음이 살아 있으면, 낡은 공간도 다시 태어난다. 하안동의 멈춘 부지에서 우리가 배우는 건 명

백하다. 도시가 미래를 만들려면, 먼저 과거를 방치하지 않아야 한다. 그리고 광명시흥 신도시에서 우리가 도전하는 건 더 크다. 도시의 미래는 문화와 산업과 주거를 따로따로가 아니라 함께 설계해야 한다.

K-혁신타운의 흙을 다지는 손과, K-아레나의 입지를 찾는 눈은 사실 같은 발상에서 나온다. 도시가 스스로에게 묻는 말도 같다.

"너는 누구를 위해 성장하나?"

나는 그 질문에 이렇게 답하고 싶다. 광명은 더 큰 도시가 되려고 성장하지 않는다. 더 오래 살아도 괜찮은 도시가 되기 위해 성장한다. 그리고 그 '괜찮음'은 거대한 공연장 조감도에도 있고, 오래 방치된 복지관의 철거 계획서에도 있다. 어떤 사람에게는 둘 다 종이일 뿐이지만, 내게는 둘 다 시민의 시간을 되찾는 일이다.

한 장의 문서가 도시의 운명을 바꾸지는 않는다. 하지만 문서를 끝까지 밀어붙이는 집요함이 결국 도시의 호흡을 바꾼다. 그렇게 광명은 과거의 유산 위에서 새로운 경제와 새로운 문화의 서막을 준비하고 있다.

통합 생태계 구축과
허브 사회적경제혁신센터

가치가 시장에서 살아남으려면 단단한 사다리가 필요하다. 사회연대경제를 이야기할 때 사람들은 종종 '착한 마음'부터 떠올리지만, 현장은 마음만으로는 하루도 버티기 어렵다. 재료비와 인건비는 오르며, 계약은 미뤄지고, 판로는 얇다. 그래서 나는 사회연대경제를 '선의의 영역'이 아니라 '도시의 생존 기술'이라고 부른다. 도시가 흔들릴 때 끝까지 남는 것은 거대한 자본의 속도가 아니라, 서로를 붙잡아 주는 신뢰의 밀도다.

광명에서 사회적 경제기업이 늘어난 흐름은 분위기만으로 설명되지 않는다. 2019년 86개였던 사회적 경제기업이 2024년 180여 개로 두 배 이상 늘었고, 연간 매출액도 290억 원 규모로 커졌다. 그 결과는 우연이 아니다. '기업이 버틸 수 있는 길'을 도시가 함께 닦아왔기 때문이다.

우리는 세무·회계 지원, 노무관리 컨설팅, 고도화·특화 컨설팅 같은 지원을 끈질기게 붙여 왔다. 지루한 지원은 행정문서에서는 밋밋하지만, 현장에서는 생존이 된다. 월말 결산을 넘기고, 근로계약을 바로잡고, 한 번의 납품을 무사히 끝내는 일. 그런 작은 통과들이 쌓일 때 비로소 다음 단계인 '거래'가 열린다. 그런데도 벽은 남는다.

지원만으로는 부족하다. 사회연대경제의 가장 큰 장벽은 결국 판로다. 누구나 '좋은 일'은 말할 수 있지만, '지속되는 거래'는 저절로 생기지 않는다. 시장은 냉정하고, 공공은 느리다. 이 틈에서 가치가 사라지지 않게 하려면, 기업이 혼자 뛰는 레이스가 아니라 함께 올라갈 수 있는 계단을 도시가 설계해야 한다. 나는 그 계단을 '허브'라고 부른다. 사람들이 만나고, 물건이 오가며, 신뢰가 반복되는 장소. 사회적경제혁신센터는 그 사다리를 현실로 만드는 허브다.

이야기는 지역 안에서만 끝나지 않는다. 2025년 12월 16일 국무회의 자리에서 이재명 대통령은 우리 사회 여러 문제 중 '양극화'를 가장 큰 근본 문제로 짚었다. 양극화를 완화하려면 양적 성장 중심의 패러다임을 넘어서 공정하고 지속가능한 성장으로 정책을 전환해야 한다는 말도 이어졌다. 그리고 그 전환을 위해 사회연대경제 활성화 방안을 충분히 연구하고, 속도를 내 달라고 주문했다.

나는 그 발언을 '중앙이 방향을 잡았다'는 선언으로만 읽지 않는다. 더 중요한 대목은 공공이 가진 거대한 수요와 위탁·조달의 구조를 사회연대경제의 성장 토양으로 삼아야 한다는 문제의식이다. 권장만으로는 한계가 있고, 제도적 장치로 뒷받침해야 한다는 언급까지 나왔다.

공공 사회 서비스, 공공위탁, 구매, 에너지·돌봄·주거 같은 삶의 분야에서 협동조합과 사회적 기업이 실질적 역할을 하도록 해야 한다는 말은, 결국 기본법과 조달 규정, 평가 체계까지 손보겠다는 뜻으로 읽힌다. '가치'가 시장 바깥에서만 맴돌지 않게, 규칙 속으로 들어오게 하겠다는 선언이다.

광명안에서 돌봄+의료 건강한 삶
어르신
돌봄 + 의료
광명시

이날 국무회의 자리는 이어서 '사회연대경제 통합 생태계 구축'이라는 주제로 현안 논의도 이어졌다.

나는 이 장면이 낯설지 않았다. 우리가 수년 전부터 '도시 전체를 관통하는 가치'로 사회적 경제를 놓고, 경제·교육·복지 전 영역에 생태계를 단계적으로 구축해 온 흐름과 닮았기 때문이다. 광명시는 2025년 12월 22일 "정부 사회연대경제 정책과 완벽한 정합성, 이미 현장에서 실행 중"이라고 밝혔다. 중앙이 말한 방향이 옳았다는 사실보다 더 중요한 건 우리가 그 방향을 먼저 선택했고, 그 선택을 행정의 습관으로 바꿔 놓았다는 점이다.

사회연대경제가 특정 부서의 사업으로 갇히면 금방 마른다. 이에 따라 우리는 사회적 경제를 시정 전반을 관통하는 핵심 가치 중 하나로 세우고, 전담 조직을 만들어 평가와 교육과 사업을 한 덩어리로 엮어 왔다. 중앙정부가 전담 조직 구축과 평가지표 반영을 이야기할 때, 광명은 이미 경기도 내에서 유일하게 전담 부서인 '사회적경제과'를 운영하고 있었다. 공공 우선구매를 부서장 성과지표에 반영했고, 사회적 경제 우수부서 시상 제도를 운영했다. 행정이 칭찬하는 방식이 바뀌면, 조직의 발걸음이 바뀐다. 그걸 나는 여러 번 확인했다.

교육과 인식 확산도 마찬가지다. 사회연대경제는 '알아야' 소비가 되고, '익숙해져야' 문화가 된다. 우리는 사회적경제·공정무역학교를 운영해 연간 3,200여 명의 청소년을 만나고, 시민체험형 프로그램인 '사회적경제·공정무역오픈박스'로 연간 1,400여 명의 시민을 만난다. 교육 분야 사회적 협동조합 18개소가 운영되면서 학교와 지역을 잇는 교육 기반도 확장됐다. 지표는 교육의 결과를 완전히 설명하지 못하지만, 방향을 말해 준다. '미래의 시민'이 아직 교복을 입고 있을 때부터, 우리는 경제를 사람의 언어로 가르치고 있었다.

문화 영역에서는 공정여행을 붙였다. 여행은 소비지만, 동시에 시선이다. 우리는 3년 전부터 공정여행 프로그램을 운영해 현재까지 총 52회의 프로그램을 진행했다. 사회적 경제기업, 청년기업, 지역 소상공인, 활동가 등 17개 주체가 참여했고, 1,790명의 시민이 공정여행에 함께해 왔다. 여행의 동선이 지역의 거래를 바꾸고, 거래가 관계를 바꾸며, 관계가 다시 신뢰를 바꾸는 구조라는 것이 중요한 의미를 갖는다. 도시는 이런 작은 순환을 통해 '따뜻함'이 아니라 '회복력'을 가진다.

복지에서는 통합돌봄과 연결했다. 돌봄은 결국 삶의 가장 안쪽에서 벌어지는 공공의 시험지다. 우리는 통합돌봄 분야 특화사업을 통해 사회적 협동조합 6개소를 신규 발굴·육성했고, 이 조직들이 다음 해부터 통합돌봄 사업에 본격적으로 참여할 수 있도록 준비해 왔다. 중앙이 공공 사회 서비스를 사회연대경제의 성장 토양으로 삼자고 말할 때, 광명은 이미 그 토양을 갈아엎고 씨를 뿌리고 있었다. '정합성'은 정책이 맞아떨어졌다는 말이 아니라, 도시가 먼저 움직여 왔다는 말이다.

이 흐름은 바깥에서도 확인받았다. 2025년 11월 24일 광명시는 고용노동부가 주최한 '2025년 제7회 지방자치단체 사회적 경제 정책 평가'에서 대상고용노동부 장관상 수상자로 선정됐다. 2023년과 2024년에 연속 최우수상을 받은 데 이어, 2025년에 대상을 받으면서 3년 연속 전국 최고 수준의 성과를 입증했다. 전국 17개 광역과 226개 기초 지방정부를 대상으로 정책 기반 정비, 지원 수준, 정책 성과, 거버넌스 수준 등을 종합 평가했다는 점도 중요하다.

광명시 청소년
사회적경제 아이디어 대회

2024
제10회 광명 사회적경제 페스티벌
2024.10.12.
광명시평생학습원
2024
제10회 광명
사회적경제
페스티벌
2024.10.12.
광명시 사회적경제 페스티벌

나는 이런 '상'이 종착지라고 생각하지 않는다. 다만 상이 의미가 있다면, 우리가 해온 일이 '제도와 협력과 실행의 구조로 굳어지고 있다'는 신호라는 점이다.

물론 상을 받았다고 해서 판로의 벽이 낮아지지 않는다. 여전히 그 벽은 높다. 사회적경제혁신센터의 필요성이 여기에 있다. 하안동 305-5의 노후 건물을 매입해 리모델링하고, 지하 1층부터 지상 4층, 옥상까지 쓰는 공간으로 바꾸는 작업이 한창이다. 연면적 약 1,073㎡. 2026년 상반기 개관이 목표다.

'가치'는 추상으로는 오래 버티지 못한다. 시민이 걸어서 들어와야 하고, 일상에서 체험해야 하며, 그냥 들렀다가도 자연스럽게 연결되어야 한다. 정책은 문장으로 시작하지만, 시민은 동선으로 기억한다. 동선이 바뀌면 소비가 달라지고, 소비가 달라지면 거래가 달라진다.

이 센터는 다음과 같은 일을 하려 한다. 기업들이 네트워크를 맺고 협업하며, 제품을 판매하고, 시민이 그 현장에 닿게 만드는 '사회연대경제의 거점'이 되는 것. 한쪽에는 협업과 성장의 작업대가 있어야 하고, 다른 한쪽에는 유통과 판매의 무대가 있어야 한다. 그리고 그 사이를 시민이 오가야 한다.

나는 이 구도를 '한 건물 안의 두 개의 호흡'이라고 부른다. 안쪽에서는 기업이 서로의 빈칸을 메우고, 바깥쪽에서는 시민이 그 결과를 만난다. 이 만남이 반복되면 협동과 연대는 구호를 벗고, 실제 비즈니스가 된다.

혁신센터는 기념비가 아니라 도구여야 한다. 기업이 혼자 버티는 방식을 벗어나 서로의 빈칸을 메우며 버티는 방식으로 가게 만드는 도구, 시민이 참여자가 되는 도구, 공공이 '좋은 일'이라고 박수만 치는 수준을 넘어 우선구매와 위탁과 조달의 구조로 같이 책임지는 도구. 중앙정부가 말하는 통합 생태계가 제도와 규칙으로 움직이기 시작한다면, 지방정부는 그 규칙을 생활의 언어로 번역해 내야 한다. 광명은 그 번역을 오래 해 왔다. 경제를 시장의 언어로만 읽지 않고, 돌봄과 교육과 문화의 언어로도 읽어 왔다.

광명에서 사회연대경제의 다음 단계는 '더 많이 생기는 것'이 아니라 '더 촘촘히 연결되는 것'이다. 연결은 말을 잘한다고 생기지 않는다. 공간, 거래, 반복, 그리고 신뢰로 생긴다. 혁신센터는 그 신뢰를 매일의 동선으로 만드는 실험장이 될 것이다. 누군가는 거기서 처음으로 사회적 경제 제품을 사고, 누군가는 협동조합을 만나고, 누군가는 돌봄을 위탁하는 규칙이 바뀌는 걸 체감하게 된다. 그때 우리는 비로소 한 문장을 다시 쓸 수 있다. 가치가 시장에서 살아남으려면, 단단한 사다리가 필요하다. 그 사다리는 결국 시민이 매일 오르내리는 계단이어야 한다.

사회연대경제가 '시민이 서로의 손을 맞잡아 경제적 신뢰라는 단단한 토양을 일구는 과정'이었다면, 정원도시는 그 토양 위에 시민의 휴식과 존엄을 위한 '초록빛 숨결을 불어넣는 여정'이다. 사람과 사람 사이의 관계를 잇는 노력이 우리가 함께 가꾸는 정원의 풍경이 될 때, 광명은 비로소 지속가능한 삶의 터전으로 완성될 것이다.

제6장

정원도시

공간의 철학,
회색 도시에 숨결을 불어 넣다

정원도시는 도심이라는 거대한 거실에 놓인 안락의자와 같다. 밖에서 치열하게 일하고 돌아온 시민이 문만 열면 자연이라는 의자에 앉아 숨을 고를 수 있도록 하는 것, 그 안락함이 광명이라는 집을 더욱 가치 있게 만드는 힘이다.

쉼터로 만나는 권리,
정원

정원도시는 시민에게 잃어버린 쉼터를 돌려준다. 기후위기 시대의 복지는 때로 한 자락의 그늘, 한 걸음의 산책, 한 번의 깊은 숨이라는 형태로 도착해야 한다. 도시에 쉼터가 많아질수록 사람의 표정은 느슨해지며, 그 느슨함이야말로 시민이 일상에서 누려야 할 가장 정직한 복지다. 광명의 정원도시는 도시 전체를 거대한 치유 장치로 다시 설계하려는 공간 철학을 실행에 옮긴 프로젝트다.

정원은 눈보다 몸이 먼저 찾는 자리다. 앞서 와야 하는 건 쉼터이고, 꽃은 늘 마지막에 온다. 여름 한낮에 시청 앞 횡단보도에서 신호를 기다려 본 사람은 안다. 햇빛은 평등하게 내리꽂히는 것 같지만, 실제로는 불평등하게 작동한다는 걸. 어떤 사람은 나무 그늘 아래에서 숨을 고르고, 어떤 사람은 아스팔트 위에서 숨이 가빠진다. 기후위기 시대에 "살기 좋다"는 말은 점점 구체적인 감각이 된다. 한 자락의 그늘, 한 걸음의 산책, 한 번의 깊은 숨. 복지는 이제 그런 형태로 도착해야 한다. 나는 그걸 '정원이라는 권리'라고 부르고 싶다.

정원도시는 화려한 조경을 늘리는 사업과는 거리가 멀다. 누군가에게 정원은 사진 속 배경이고, 누군가에게는 퇴근 후 잠깐 앉을 의자다. 문제는 그 의자가 도시 안에서 얼마나 공평하게 놓이느냐. 우리는 복지를 이야기할 때, 예산과 제도부터 떠올린다. 물론 그건 필요하다. 하지만 기후가 무너지는 시대엔 몸이 먼저 반응한다. 열이 오르면 마음이 날카로워지고, 날카로움은 사람 사이의 관계를 메마르게 한다. 나는 정원도시를 '도시 전체를 하나의 거대한 치유 장치로 재구성하는 공간 철학'이라고 생각한다. 도시는 치료하지 않으면, 사람을 먼저 소모시키는 기계가 되기 쉽다.

이런 생각은 상상만으로 끝나면 안 된다. 행정은 결국 손으로 증명해야 한다. 그래서 우리는 "도시 전체를 하나의 정원으로 만들겠다"는 말을 시민 앞에서 공식적으로 꺼냈다. 2025년 6월, 안양천 햇무리광장에서 '정원도시' 비전을 선언하고, 시민이 주체가 되는 정원문화를 시작하겠다고 약속했다. 그 자리에서 70여 명의 시민이 주체로 구성된 '정원추진단'이 출범했다는 사실은 나에게 중요하다. 정원은 행정이 만들어 주는 결과물이 아니라, 시민이 가꾸며 소유하는 과정이기 때문이다. 그날 선언문에 담긴 문장들—"정원의 주인은 시민이다", "정원도시로 탄소중립을 실현한다"—나는 그 문장들이 단지 예쁜 구호에 그치지 않고, 도시 운영의 표준이 되길 바랐다.

정원은 권리라고 말할 때, 사람들은 가끔 이렇게 되묻는다.

"쉼터가 그렇게까지 중요한가?"

쉼터는 기후위기 시대의 안전장치다. 한여름 폭염에 쉼터의 첫 조건은 그늘이다. 국립산림과학원 연구는 폭염 상황에서 도시숲 그늘이 도심보다

기온이 낮다는 결과를 제시한다. '그늘'은 생존의 문제라는 뜻이다. 가로수 그늘이 평균 2.3~2.7℃, 교통섬 나무 그늘이 평균 4.5℃ 정도 온도를 낮춘다는 조사도 있다. 이 결과 값은 조경의 목적으로 도시가 시민에게 돌려줘야 할 기본 조건의 수치를 제시하는 것이다.

더위를 피할 곳이 없는 사람은 결국 집 안에 갇히고, 집 안에 갇힌 삶은 더 쉽게 고립된다. 나는 정원도시가 '녹색 정책'이면서 동시에 '고립을 줄이는 정책'이라고 보는 편이다. 그늘은 사람을 밖으로 불러내고, 밖으로 나온 사람은 서로의 존재를 확인한다. 도시의 건강은 그렇게 회복된다.

정원도시의 핵심은 '녹지의 분배'에 있다. '꽃밭의 면적'은 부차적 요소다. 나는 이걸 구체적으로 말하고 싶다. 녹지는 지갑으로 살 수 없다. 어떤 동네는 원래부터 나무가 많고, 어떤 동네는 오래된 빌라와 넓은 도로, 주차장과 콘크리트가 대부분이다. 같은 도시 안에서도 녹지의 격차가 생기면, 여름의 체감이 계층을 만든다. 정원 정책은 결국 기후정의의 문제로 가닿는다. 취향의 문제와는 차원이 다른 권리의 문제다.

광명에 정원도시 이야기를 꺼내면, 사람들은 종종 "어디가 정원이냐"고 묻는다. 나는 그 질문이 오히려 반갑다. 정원도시는 특정한 명소 몇 곳을 보여주고 끝내는 정책이 아니기 때문이다. 정원은 '문만 열면 만나는 곳'이어야 한다. 생활권 안에서, 매일의 동선 위에서, 아이가 뛰어가다 잠깐 멈추고, 어르신이 한 번 쉬어갈 수 있는 쉼터. 그게 정원의 형태다.

예를 들어, 새빛공원 일대는 일직동에 18만㎡ 규모의 친환경 녹지로 소개되고, 그 안에 꽃정원, 벚나무길, 메타세쿼이아길 같은 동선이 놓여 있다. 벤치와 그늘막 같은 쉼 시설도 함께 설치되어 있다. 사람은 결국 '앉을 곳'이 있어야 오래 머문다. 쉼터는 머무름을 허락하고, 머무름은 관계를 만

©광명사진공모전 수상작

든다.

정원도시를 이야기할 때 내가 계속 '쉼터'로 돌아오는 이유도 여기 있다. 꽃은 계절을 타고, 사진을 타고, 유행을 탄다. 하지만 쉼터는 유행을 타지 않는다. 쉼터는 사람의 생리와 직결된다. 한여름에 아이가 공원에서 놀다가 갑자기 조용해지는 순간이 있다. 뜨거워서다. 그때 부모가 찾는 건 나무 아래 그늘이다. 노인이 버스정류장에서 가장 먼저 확인하는 것도 시간표가 아니라 앉아 쉴 곳이 있는지 여부일 때가 많다. 도시의 약자를 먼저 생각하면, 정원 정책은 방향이 명확해진다. '예쁜가'보다 '살 만한가'로.

그 방향에서 우리는 '시민이 정원을 가꾸는 구조'를 앞세우려 한다. 정원 추진단 같은 시민 조직을 세우는 이유도, 정원교육을 확대하겠다고 말하는 이유도, 결국 정원을 '공공이 제공하는 서비스'로만 남기지 않기 위해서다. 정원의 주인이 시민이라면, 시민이 손을 대야 한다. 흙을 만진 사람은 공간을 더 오래 기억한다. 기억한 공간은 쉽게 방치되지 않는다. 그 과정에서 행정은 무엇을 해야 하느냐. 나는 행정이 꽃을 심기보다 '가꾸는 시간을 보장'해야 한다고 본다. 주말에 잠깐 모여 꽃을 심고 끝내는 이벤트여서는 안 된다. 일상 속에서 돌보고 돌아오는 리듬을 만드는 것. 그 리듬이 도시를 바꾼다.

또 하나, 정원도시는 '바깥의 거실'을 만드는 일이다. 도시를 거대한 거실이라고 치면, 정원은 그 안에 놓인 안락의자다. 밖에서 치열하게 일하고 돌아온 시민이 문만 열면 자연이라는 의자에 앉아 숨을 고를 수 있는 곳. 나는 그 안락함이 도시의 품격이라고 생각한다.

'품격'이란 돈 많은 도시의 장식이 아니다. 품격은 시민이 덜 지치는 구조다. 쉼터가 늘어나면 도시는 덜 화가 난다. 나는 그게 정치적으로도 중요하다고 본다. 사람은 지칠수록 타인의 권리를 불편해한다. 반대로 숨을 고를 수 있는 도시에서, 사람은 타인의 느린 걸음을 견딘다. 정원은 결국 민주주의의 온도를 낮추는 장치이기도 하다.

우리는 "모든 도시 공간을 정원으로 바꾸겠다"는 5개년 계획을 2025년부터 2029년까지 가동하겠다고 밝힌 바 있다. 이 말은 거창하지만, 실제로는 아주 사소한 데서 시작한다. 골목 끝의 자투리땅, 건물 옆의 빈 공간, 학교 담장 아래, 버스정류장 주변, 교통섬 한가운데. 이런 곳들이야말로 쉼터가 가장 절실한 자리다. 그리고 그 자리는 늘 생활이 절실한 자리와 겹친다. 나는 정원도시의 목표를 이렇게 다시 쓰고 싶다.

"도시가 가진 쉼터의 총량을 늘리고, 삶이 더 뜨거운 곳에 먼저 배치한다."

정원은 결국 권리다. 꽃을 심는 일이 아니라 쉼터를 돌려주는 일. 쉼터를 돌려준다는 건, 시민에게 시간을 돌려주는 일이다. 한낮의 뜨거움 때문에 서둘러 집으로 도망치지 않아도 되는 시간, 천천히 걸어도 되는 시간, 잠깐 멈춰도 되는 시간. 그 시간들이 모이면 사람은 다시 사람답게 도시를 쓴다.

나는 광명의 정원도시가 그 시간의 권리를 회복시키는 실험이 되길 바란다. 도시는 자꾸 빨라지려 하지만, 시민은 숨을 쉬어야 한다. 정원은 그 숨의 자리다. 그리고 그 숨을 누구나 공평하게 누릴 수 있을 때, 정원은 비로소 정책이 아니라 권리가 된다.

정원음악회
광명시립합창단

안양천과 목감천,
시민의 시간이 흐르는 길

하천은 원래 물이 흐르는 통로였다. 도시는 오래도록 하천을 치수의 대상으로 다뤘다. 물이 넘치지 않게, 둔치가 무너지지 않게, 시설이 버티게. 물론 그건 도시의 안전을 위한 최소 조건이다.

나는 어느 순간부터 하천을 그와 다른 눈으로 보기 시작했다. 물은 행정 구역에서 멈추지 않는다. 물은 경계를 모른다. 물길은 도시가 도시를 만나는 방식이고, 사람의 시간이 스며드는 방식이다. 그런 하천을 살리는 일은 단순한 정비 수준으로 가능하지 않다. 도시가 시민의 시간을 어떻게 대우할 것인가의 선택으로 접근해야 한다.

광명에서 안양천과 목감천을 바라보며, 물은 흘러가지만 사람은 머물 수 있어야 한다는 생각을 구체화했다. 다르게 말하자면, 우리 시가 보유한 안양천과 목감천을 '시설'이 아니라 '생활 인프라'로 만들어 보겠다는 결론이었다.

안양천의 기적

우리가 선택한 방식은 안양천을 시민의 정원으로 바꾸는 것이었다. 하천을 바꾸려면 식재가 자라야 하고, 그늘이 생겨야 하며, 사람의 동선이 안전해져야 한다. 그 시간은 예산만으로 단축되지 않는다. 그래서 우리는 안양천을 시민공원으로 바꾸는 일을, 몇 번의 공사가 아니라 몇 해의 습관으로 설계했다. 시민이 매일 같은 자리에서 같은 속도로 숨을 고를 수 있도록.

이 습관을 지탱하는 '프레임'은 더 큰 사업으로 확장됐다. 안양천은 이제 경기권만 보아도, 총면적 39만 7,520㎡, 연장 28.8㎞ 규모의 '지방정원' 구상 위에 올라가 있다. 네 도시가 같은 설계도를 펼쳐 놓는 방식으로, 광명·안양·군포·의왕이 공동으로 조성하는 틀이다. 광명 구간만 따로 떼어도 9.5㎞다. 그 사이사이의 빈틈들은 정원관리센터, 정원놀이터, 허브정원 같은 이름을 얻어야 한다.

그 이름들은 흩어진 표지판이 아니라, 끝내 하나의 이야기를 이루는 한 덩어리가 되어야 한다고 나는 믿는다. 머물 수 있는 그늘, 쉬어갈 수 있는 좌대, 아이들이 시간을 낭비할 수 있는 빈터.

안양천은 더 이상 물만 흐르는 곳이 아니게 됐다. 잔디광장은 도시 한복판에 놓인 초록의 바닥이다. 사람들은 그 위에 앉아 밥을 먹고, 아이는 뒹굴고, 누군가는 잠깐 눕는다. '누울 수 있는 도시'는 강하다. 초화원은 계절이 바뀌는 것을 가장 가까운 자리에서 확인하게 해준다. 봄의 얇은 빛, 여름의 두꺼운 초록, 가을의 눅진한 갈색, 겨울의 투명한 공기. 하천이 사계절을 '풍경'에서 '생활'로 바꾸는 순간이다.

우리는 도시가 변한 삶의 양식도 받아들이려 했다. 반려동물 놀이터는 작은 시설 같지만, 도시가 시민의 일상을 얼마나 세밀하게 존중하는지 보여주는 척도다. 반려의 시간은 누군가에게 가족의 시간이다. 그 시간을 안전하게 머물 수 있도록 해주는 것도 공공의 책임이다. 광명은 반려견 놀이터를 안양천에 2곳, 목감천에 1곳 운영한다. '사람만 편하면 되는 공원'으로는 오래가지 못한다. 함께 사는 존재들이 편해야 공원이 진짜 생활권이 된다.

하천은 낮의 풍경으로만 존재하면 반쪽이다. 늦게 퇴근한 사람이, 마음이 답답한 사람이, 집에 들어가기 전에 한 바퀴 더 걸어야만 견딜 수 있는 사람이 있다. 그 사람에게 하천은 비상구다. 도시가 비상구를 어둡게 놔두면, 결국 사람은 더 안쪽으로 갇힌다. 안양천을 공원으로 만든다는 건 '예쁘게 꾸미는 일'이 아니라 '오래 머물게 하는 일'이다. 오래 머물려면 쉼터가 있어야 하고, 앉을 곳이 있어야 하며, 걸을 길이 안전해야 한다. 거기에 맞춰 우리는 나무를 세우고, 쉬어갈 곳을 만들었으며, 밤에도 걸을 수 있도록 빛을 설계했다.

여기서 내가 하나 더 붙이고 싶은 성과는, 결국 사람이 직접 만든 흔적이다. 안양천에서 시민이 설계·조성한 참여정원이 29곳 공개됐고, 그 과정에는 29개 팀, 113명이 들어왔다. 행정은 이를 정원도시 계획의 성과로 부른다. 나는 그렇게 부르는 것도 좋지만, 더 솔직하게는 이렇게 말하고 싶다. '사람이 물길에 자기 시간을 꽂아 넣었다'고.

목감천도 같은 생각 위에 올렸다. 하천을 통로로만 쓰면 우리는 결국 속도만 늘린다. 하지만 속도는 도시의 피로를 키운다. 물길을 살리는 일은 속도를 줄이는 일이고, 그 속도 저하가 복지가 되는 도시를 만드는 일이다.

ⓒ광명사진공모전 수상작

ⓒ광명사진공모전 수상작

연대의 공간

어느 한 도시가 강변을 아무리 깔끔하게 가꿔도, 위쪽의 문제가 그대로 떠내려오면 전체는 달라지지 않는다. 물은 행정구역을 모르고, 한 구간의 성과는 금세 다른 구간의 한계와 맞닿는다.

안양천이 바로 그런 물길이다. 광명만의 하천이 아니라 여러 도시와 여러 구가 같은 흐름을 함께 쓰는 강이다. 물길을 살리려면 구간마다 따로 '예쁘게' 만드는 방식이어서는 안 된다. 이어짐을 전제로 한 협력이 먼저 필요하다.

우리는 우선 말이 아닌 문서로 협력을 묶었다. 2021년 5월 11일, 안양천을 공유하는 서울 4개 구구로·금천·영등포·양천와 경기 4개 시광명·안양·군포·의왕, 합쳐 8개 지자체가 공동으로 '안양천 명소화·고도화 사업' 업무협약을 맺었다. '협약'이라는 단어는 딱딱하지만, 그 안에 들어간 문장들은 도시의 리듬을 바꾸는 약속들이다.

기본계획을 함께 세우고, 국비 확보도 같이 움직이며, 시설을 더 많이 짓기보다 덜 중복되게 설치하자고 합의했다. 시설물은 공동 이용하고, 하천길은 연속성을 확보하는 한편, 생태 복원·수질 개선·위해식물 관리·철새 보호 같은 디테일을 공동 과제로 만들었다. 심지어 '장미·벚꽃 100리길' 같은 상징사업까지 '함께'라고 규정했다. 하천은 행정의 경계보다 먼저 흐르니까, 답도 경계를 넘어야 한다.

내가 특히 중요하게 보는 건 '중복 설치를 자제한다'는 태도다. 행정은 종종 성과를 보여주기 위해 비슷한 시설을 반복한다. 하천은 그런 방식 때문에 망가진다. 과잉 시설은 풍경을 뭉개고, 생태를 해친다. 하천을 제대로 고도화한다는 건 더 많이 설치하는 것과는 반대로, 덜 설치하고 더 오래 쓰게 하는 철학을 세우는 일이다. '명소'라는 말이 흔히 소비되는 장소를 떠올리게 하지만, 우리가 만드는 명소는 회복의 장소여야 한다. 사람을 끌어모으는 장소가 아니라, 사람을 살려내는 장소.

그 연대의 끝에 우리가 품는 목표가 있다. 안양천을 국가정원으로 끌어올리는 일이다. 다만 나는 이 목표를 꿈처럼 말하고 싶지 않다. 지방정원 → 등록 → 국가정원 지정 신청으로 이어지는 단계는, 결국 도시가 시간을 '길게' 쓰겠다는 약속에 가깝다. 국가정원은 단순히 규모가 큰 공원을 뜻하지 않는다. 국가가 그 공간을 공공 자산으로 인정하고, 운영과 관리의 체계를 지속적으로 받쳐 세운다는 뜻에 가깝다. 한 번의 준공으로 끝나는 사업이 아니라, 매년의 관리와 운영을 '제도'로 묶는 방식이다.

국가정원은 결국 '사람의 삶을 덜 뜨겁게 만드는 구조'다. 한여름의 열기를 조금 더 나눠 가지게 하고, 한겨울의 우울을 조금 더 견디게 하며, 삶이 무너질 때 걸어갈 길을 남겨주는 구조다. 어떤 사람에게 하천은 운동 루트이고, 어떤 사람에게 하천은 아이를 재우고 잠깐 숨을 돌리는 회랑이다. 또 누군가에게는 마음이 무너질 때 걸어야만 하는 비상구다. 국가정원은 그 비상구를 넓히는 일이다.

나는 안양천과 목감천을 이렇게 정의하고 싶다. 물이 흐르는 곳이 아니라, 시간이 흐르는 곳. 사람의 시간이 머물고, 관계의 시간이 이어지고, 도시의 시간이 서로 만나 연대가 되는 곳. 하천을 시민에게 돌려주면 도시는 눈에 보이지 않는 방식으로 건강해진다. 병원비가 줄어드는 것만이 건강이 아니다. 분노가 덜 쌓이고, 고립이 덜 깊어지고, 삶이 조금 덜 달아오르는 것, 그것도 도시의 건강이다.

4대 산을 잇는
힐링 네트워크

도시는 물길만으로 숨 쉬지 않는다. 물길이 간선이라면, 산은 등뼈다. 등뼈가 서 있어야 몸이 버티듯, 산이 가까이 있어야 도시는 과열되지 않는다. 광명을 둘러싼 도덕산·구름산·가학산·서독산은 외곽의 풍경이면서 도시의 체온과 감정선을 붙잡아 주는 기둥이다. 회색 콘크리트 숲이 내뿜는 열기를 식히고, 시민의 날카로워진 마음을 다독이는 생태적 안전망. 나는 4대 산을 그렇게 읽고, 그렇게 도시의 기반으로 세우려 한다.

정원도시는 '많이 심는 도시'가 아니라 '잘 이어지는 도시'다. 산의 숲길과 하천의 산책로가 이어지고, 생활권 공원과 골목의 작은 그늘이 이어질 때 시민은 도시를 소비하는 사람에서 도시를 살아내는 사람으로 변화한다. 휴식이 목적지가 아니라 경로가 되는 도시. 그 경로의 중심축이 4대 산이고, 그 산들을 하나로 잇는 길이 광명누리길이다.

광명누리길은 4대 산을 잇는 순환형 숲길이다. 전체 길이는 12km. 1코스는 6.4km, 2코스는 5.6km로 나뉜다. 이 12km는 하루의 틈을 숲으로 이어 주겠다는 거리다. 걷는 사람이 불리하지 않은 도시를 만들겠다는 약속이기도 하다.

앞으로 산의 서쪽에 3기 신도시가 들어서면, 도덕산·구름산·가학산·서독산은 도시의 심장으로서 더 큰 역할을 맡게 된다. 4대 산을 정원처럼 정성껏 가꾸는 일은 이 도시가 짊어진 운명으로 지속해야 한다.

숲길과 힐링

도덕산 숲길을 정비한다는 의미는 도시의 속도를 낮추는 일의 진행이었다. 도시는 늘 서두른다. 신호는 짧고, 일정은 빠듯하고, 마음은 자주 급해진다. 그런데 숲길에 들어서는 순간 발걸음이 저절로 느려진다. 느려지는 건 뒤처지는 게 아니라, 내 호흡을 다시 내 것으로 돌려받는 일이다. 그러므로 숲길의 품질은 곧 도시의 복지 수준이다.

도덕산은 특히 '머물 수 있는 산'으로 바뀌어야 했다. 도덕산 도시자연공원은 면적이 444만 8,550㎡다. 이 공원 안에는 인공폭포, 벽천, 광장, 방문자센터 같은 시설들이 들어 있다. 폭포의 물소리는 도시의 소음을 덜어주는 장치이고, 광장은 사람을 앉히는 장치이며, 방문자센터는 길을 잃지 않게 해주는 장치다. 결국 하나의 목적을 향한다. 도시에 멈춰도 되는 자리를 휴식공간을 늘리는 것이다.

도덕산 출렁다리도 같은 맥락이다. 높이 약 20m, 폭 1.5m의 Y자형 출렁다리. 사람들은 다리를 건너며 숲을 위에서 보고, 인공폭포의 물빛을 옆으로 본다. 그 순간 산은 오르는 대상이 아니라 머무는 장소가 된다. 나는 이런 전환을 힐링이라고 부른다. 힐링은 광고처럼 화려하게 오지 않는다. 안전한 길, 분명한 안내, 쉬어갈 벤치 같은 디테일로 조용히 온다.

구름산은 도시의 폐처럼 작동한다. 구름산의 높이는 237m. 그리고 8.8km 의 등산로와 산림욕장이라는 '휴양의 구조'가 있다. 전나무 356그루를 심고, 184m의 황톳길을 조성한 것도 그 구조를 실감나게 만드는 작업이었다. 도심에서 맨발로 땅을 느끼는 일은 회복을 누리는 것이다. 머리의 속도가 너무 빨라졌을 때, 발바닥으로 속도를 내려놓는 일이 필요하다.

구름산은 경기도 13개 산림욕장 가운데 피톤치드 농도가 최고라는 장점이 있다. 이는 숲을 호흡으로 대했다는 증거처럼 읽힌다. 숲은 말이 없다. 대신 사람의 몸을 풀어준다. 나뭇잎이 비비는 소리, 흙의 냄새, 그늘의 온도. 이런 감각들은 예약하지 않아도 되는 치유다.

서독산은 조용한 상징이자 실질적인 성과다. 높이 221.8m의 산이 '복원 노력으로 반딧불이 서식환경을 갖춘 곳'으로 소개되는 이유는 간단하다. 반딧불이는 빛이 과하거나 물이 흐려지고 숲이 끊기면 사라진다. 반딧불이가 산다는 건 우리가 과잉의 빛과 과잉의 개발을 조금 덜어냈다는 뜻이고, 그 덜어냄이야말로 도시가 오래 버티는 방식이다.

숲길과 힐링은 결국 연결의 품질로 완성된다. 광명누리길 12km는 산 4개를 보여주는 길로 나 있지 않고, 시민의 하루를 지켜주는 길이어야 한다. 나는 산이 상징으로 서 있기보다는 힐링의 공간이 되길 바란다. 그 길을 걷는 시민의 하루에도 쉼표가 생겼으면 하고 바란다.

아이들의 교실

산은 어른에게는 회복이지만, 아이에게는 교실이다. 말로 가르치는 교육의 틀을 벗어나 몸으로 배우는 학습이 가능한 교실. 그래서 유아숲체험원과 어린이 체험 놀이터 같은 공간은 '부대시설'이 아니다. 아이들이 흙을 만지며 자라게 하는 도시의 기본 인프라다.

광명에서는 도덕산과 구름산을 중심으로 유아숲체험교실을 운영해 왔다. 숲해설가 5명이 아이들과 함께 숲을 걸으며, 나무와 흙을 만지고, 계절을 읽는 법을 안내한다. 이 경험은 단순한 체험을 넘어선다. 흙을 만진 아이는 땅을 지식으로만 기억하지 않는다. 관계로 기억한다. 관계로 배운 자연은 함부로 파괴하기 어렵다. 기후위기가 뉴스를 넘어 몸의 감각으로 들어오는 시대에, 자연과의 관계 맺기는 곧 시민의 기본 문해력이다.

가학산은 또 다른 방식으로 아이들의 교실이 된다. 가학산 목조 전망대 같은 시설은 '높은 곳'에 오르기보다는 '멀리 보는 자리'의 존재다. 그 자리에서 아이들은 사계절 변하는 도시의 풍경을 공유한다. 계절이 바뀌는 것을 직접 눈으로 확인하고, 도시가 자연 위에 놓여 있다는 사실을 몸으로 받아들인다. 이 경험은 언젠가 도시의 개발과 보존을 바라보는 기준이 된다. 더 크게 만드는 것만이 진보가 아니라, 더 오래 버티는 구조가 진짜 미래라는 것을.

가학산의 다음 변화를 기대해도 좋다. 가학산 근린공원 동측에 약 3만 2,820㎡ 규모의 수목원이 조성 중이고, 총사업비는 112억 6,600만 원, 2026년 6월 준공 목표로 알려져 있다. '환영의 정원'을 비롯해 사계정원, 물빛정원, 자연생태정원 같은 구성도 제시되어 있다.

아이들의 교실은 결국 가족의 교실이 된다. 아이가 숲에서 배우면 부모도 함께 느슨해진다. 같이 걷고, 같이 쉬며, 같이 풍경을 본다. 도시가 가장 부족해진 것이 '함께 있는 시간'이라면, 산은 그 시간을 되돌려주는 가장 확실한 공공장치다. 나는 그걸 복지라고 부른다.

이 모든 이야기는 '계획'으로도 이어진다. 광명시 정원도시 5개년 계획

2025~2029에서는 '4대 산 산림형 시민정원'을 핵심 과제로 포함하고, 안양천 지방정원 약 39만 7,000㎡ 같은 구상도 함께 언급된다. 산과 하천을 따로 보지 않고, 도시 전체를 '푸른 연결망'으로 운영하겠다는 뜻이다.

4대 산이 도시의 등뼈라는 말에는 또 하나의 뜻이 있다. 등뼈는 단단하게 서 있지만, 동시에 유연하게 움직인다. 도시도 마찬가지다. 산이 단단히 버텨주고, 그 사이를 숲길이 유연하게 이어줄 때 시민의 삶은 덜 꺾인다. 폭염이 길어지고, 밤의 열기가 내려가지 않는 계절이 늘어나는 지금, 숲은 도시의 마지막 방파제다. 그늘이 늘수록 냉방의 부담이 줄고, 부담이 줄수록 삶의 긴장도 조금 내려간다.

나는 시민에게 산을 이용하라고 말하기보다, 도시가 먼저 산을 지키겠다고 말하고 싶다. 지킨다는 건 출입을 막는 일이 아니다. 더 많은 시민이 더 안전하게 이용하도록 관리하는 일이다. 과잉 개발을 경계하고, 훼손을 줄이며, 필요한 곳에는 최소한의 시설로 접근성을 보장하는 일. 숲의 자리는 숲에게 돌려주고, 사람의 자리는 사람에게 내주는 균형.

광명의 4대 산은 오래전부터 그 자리에 있었다. 하지만 그 산들이 도시의 등뼈로 기능하기 시작한 건, 우리가 그 의미를 다시 읽어낸 순간부터다. 무엇을 인프라로 보고, 무엇을 권리로 볼 것인가. 나는 산을 풍경으로 두지 않겠다. 산을 시민의 권리로, 도시의 회복 장치로, 기후시대의 생존 기반으로 세워두겠다. 등뼈가 서야 몸이 산다. 도시도 마찬가지다. 4대 산이 건강하면, 시민의 하루도 조금 덜 뜨겁게, 조금 덜 날카롭게, 조금 더 오래 버틸 수 있다.

걸어서 15분,
생활 속 공간복지

광명은 걸어서 15분이면 누구나 정원에 닿는 도시를 지향한다. 앞에서 4 대 산과 물길을 '도시의 등뼈'와 '시간이 흐르는 길'로 세웠다면, 생활권 정원은 시민의 하루를 실제로 덜 뜨겁게 만드는 장치다. 큰 숲이 멀리서 버텨주는 복지라면, 집 앞의 작은 그늘은 오늘을 버티게 해주는 복지다. 문만 열면 닿는 거리, 걸어서 15분이면 닿는 거리. 그 거리 안에서 사람은 다시 사람답게 느슨해진다.

생활권 복지

생활권 복지는 대규모 조경 중심의 접근을 넘어, 빗물정원·옥상녹화·골 목길 녹지 등 미시적 인프라를 촘촘히 확충하며 도시의 온도를 실질적으 로 낮추고 있다.

어떤 날엔 골목 모서리의 한 줌 초록이, 어떤 날엔 횡단보도 앞의 작은 그 늘이, 어떤 날엔 벤치 하나가 복지다. 도시가 시민에게 주는 위로는 먼저 몸이 반응한다.

"여기서 한 번 숨을 고를 수 있겠구나."

그 순간이 쌓이면 시민은 도시를 원망하는 대신, 도시를 신뢰하게 된다. 그래서 우리는 생활권의 녹지를 미시적 인프라로 촘촘히 깐다. 빗물정원은 물을 모아두는 장치이기 전에, 여름의 열기를 낮추는 장치다. 옥상녹화는 멋을 내는 장치가 아니라, 지상에서 빼앗긴 땅을 하늘에서 되돌려받는 방식이다. 골목길 녹지는 미관 그 이상의 안전과 존엄의 문제다. 사람은 불쾌한 길을 빨리 지나가고, 괜찮은 길에서는 속도를 늦춘다. 속도를 늦출 수 있는 길이 많아질수록, 도시의 분노는 얇아진다.

내가 좋아하는 건 작지만 많은 녹지다. 큰 공간 한두 곳보다 띠녹지 같은 작은 정원을 구상한 이유다. 시청 앞에서 시민회관으로 이어지는 구간에 약 290㎡, 현충공원 삼거리에서 철산명가로 이어지는 구간에 약 220㎡ 규모의 띠녹지를 더 만들기로 했다. 이건 숫자로 보면 작다. 그렇지만 체감으로는 크다. 출근길과 퇴근길에 매일 스치는 길목이 바뀌면, 그 도시의 하루가 바뀐다. 게다가 이 작은 녹지를 위해 사업비 5억 원을 따로 확보했다는 건, 도시가 '초록을 옵션이 아니라 필수'로 보기 시작했다는 신호다.

골목도 마찬가지다. 방치된 유휴부지 하나를 정원으로 바꾸는 건 단순히 미관 사업이라고만 볼 수 없다. 광명3동 도시재생 구역의 유휴부지 4,151㎡를 골목정원으로 조성하겠다고 한 계획은, 회색의 공백을 초록으로 채우는 방식으로 공동체를 복원하겠다는 선언에 가깝다. 그리고 그 결심을 말로만 하지 않기 위해 사업비 8억 원을 투입하겠다고 못 박았다.

정원은 원래 공동체의 것이다. 혼자 잘 살자는 공간은 정원이 아니라 진열장이다. 정원은 손이 닿아야 하고, 손이 닿으려면 사람이 참여해야 한다. 그래서 광명은 정원을 '시민이 참여하는 생활 인프라'로 재정의하려 한다.

이 흐름은 계획으로도 이어진다. 광명은 정원도시 5개년 추진 계획 2025~2029에서 안양천을 약 39만 7,000㎡ 규모의 지방정원으로 키워 '일상에서 정원의 가치를 체감하는 도시'를 만들겠다고 밝혔다. 이 규모는 한 번 가는 공원을 만들기보다 자주 걷는 일상을 목표로 할 때 의미가 커진다.

내가 말하는 '걸어서 15분'은 결국 이런 뜻이다. 멀리 가지 않아도 된다. 큰 결심을 하지 않아도 된다. 운동복으로 갈아입지 않아도 된다. 문만 열면 정원이 있고, 잠깐 걸으면 그늘이 있고, 한 바퀴 돌면 마음이 가라앉는 구조. 그 구조가 정밀해질수록 도시의 온도는 실제로 내려간다. 그게 바로, 기후위기 시대의 현실적인 복지다.

공공건축의 전환

생활권 복지가 길 위의 정원이라면, 공공건축의 전환은 건물 안의 정원이다. 새로 짓는 모든 행정복지센터를 문화와 복지, 정원이 결합된 '생활문화복지센터'로 설계해 행정의 공간이 시민의 사랑방이자 쉼터가 되도록 했다. 정원은 이제 특정 계층의 전유물이 아니고, 누구나 어디서든 누릴 수 있는 보편적 공간 권리가 되었다.

나는 공공건축이 '업무를 처리하는 곳'에서 끝나면, 공간의 의미가 소비된다고 생각한다. 행정은 사람을 만나야 살아난다. 사람이 오래 머물 수 있어야 대화가 생기고, 대화가 생겨야 공동체가 생긴다. 그래서 새로 짓는 행정복지센터를 민원창구로만 두지 않고, 문화와 복지와 정원이 결합된 생활 거점으로 바꾸려 한다. 행정의 공간을 시민의 사랑방으로 돌려주는 일. 그게 공간 복지의 핵심이다.

최근의 사례들은 방향을 분명하게 보여준다. 철산2동에는 행정·복지·돌봄·건강 기능을 한데 묶은 생활문화복합센터가 들어섰다. 지하 2층~지상 6층, 연면적 3,950㎡ 규모로, 2024년 3월 착공해 2025년 7월 완공됐다. 1층에는 행정복지센터, 3층에는 다함께돌봄센터, 4~5층에는 건강생활지원센터가 들어가 원스톱 생활권 복지를 건물 자체로 구현한다.

이건 단순히 편의의 문제가 아니다. 돌봄이 필요한 사람에게는 이동거리 자체가 부담이고, 그 부담이 곧 불평등이 된다. 가까운 곳에서 해결되는 구조는 곧 존엄의 구조다.

광명3동에서도 같은 방향이 더 큰 스케일로 추진된다. 광명3동 공공복합청사는 연면적 8,408㎡, 사업비 386억 6,500만 원이 투입되고, 2026년 5월 준공을 목표로 진행 중이다. 이 건물 안에는 행정복지센터는 물론 어린이집, 다함께돌봄센터, 여성소통문화공간, 도서관 등 삶의 기능들이 함께 들어간다. 내부 디자인에는 '바이오필릭'—그러니까 실내에서도 자연의 감각을 회복하도록 돕는 철학—을 적용한다. 행정이 시민을 상대하는 방식이 종이에서 공간으로 옮겨가는 장면이다.

일직동 생활문화복지센터 계획도 같은 결을 갖는다. 사업비 약 320억 원, 연면적 5,260㎡, 2028년 12월 준공 목표. 행정복지센터를 넓히고, 주민자치 프로그램실과 청년 프로그램 공간, 다목적 강당, 그리고 무엇보다 하늘정원을 넣었다. 나는 이 '하늘정원'이 상징이라고 본다. 행정 건물의 옥상을 비워두지 않고 시민에게 돌려주는 것. 땅이 부족한 도시가 하늘에서 다시 정원을 찾는 방식이다.

게다가 공공건축의 전환은 센터에만 머물지 않는다. 일직동 광명문화공원 부지에는 문화예술복합센터연면적 4,985㎡와 공공도서관연면적 3,694㎡을 2026년 2월 착공해 2028년 1월 준공 목표로 추진하면서, 실내외 경계를 열어 공원과 건물이 자연스럽게 이어지도록 설계를 확정했다. 공공건축이 공원과 함께 호흡하게 만드는 방식이다.

이런 건물들이 많아질수록 행정은 찾아가는 서비스라는 말의 의미를 더 정확하게 구현할 수 있다. 시민이 시청까지 가서 복지를 신청하는 구조에서, 생활권 안에서 복지를 살아내는 구조로. 정원은 이제 도심 한복판의 띠녹지처럼 작아도 좋고, 골목정원처럼 수수해도 좋다. 중요한 건 접근성이다. 누구나, 언제든, 망설임 없이 닿을 수 있어야 한다.

'걸어서 15분'은 지도 위의 원이 아니다. 피로에 지친 사람이 걸으며 여유를 찾을 수 있는 거리, 아이를 재우고도 잠깐 숨을 돌릴 수 있는 거리, 늦게 퇴근한 사람이 집에 들어가기 전에 마음을 접을 수 있는 거리, 그 거리를 도시가 마련해 주는 일이다.

산과 하천이 도시의 큰 구조를 세웠다면, 생활권 정원과 공공건축은 그 구조를 일상으로 번역한다. 정원도시의 마지막 문장은 늘 여기로 돌아온다.

"시민이 오늘을 덜 힘들게 살 수 있게 만드는가."

나는 그 질문에 공간으로 답하고 싶다. 정원은 꽃이 아니라, 도시가 시민을 대하는 태도니까.

푸른그물망,
3기 신도시

현재 설계 중인 광명·시흥 3기 신도시는 이러한 정원도시 철학이 집대성되는 무대다. 광명·시흥 3기 신도시는 처음부터 도시의 골격이 초록으로 짜여지고 있다.

이 지구는 사업 기간이 2022년부터 2031년까지로 잡혀 있고, 면적은 1,271만 4,000㎡약 384만 평, 계획호수는 6만 7,000호16만 7,500인 규모다. 사람이 몰리면 여름의 열기가 더 오래 붙고, 폭우가 오면 물길이 더 쉽게 넘친다. 그래서 이 신도시에서 정원도시 철학은 장식 차원을 뛰어넘는 생존 설계가 된다.

그린 인프라

우리가 말하는 그린 인프라는 공원 몇 개를 크게 더 만드는 게 아니다. 도시 전체를 통과하는 초록의 그물망이다. 광명·시흥 지구계획에는 부지의 약 35%, 총 445만㎡를 공원·녹지로 조성한다는 구상이 들어가 있다. 서울 올림픽공원의 약 3배 규모로 이야기된다. 이 비율이 중요한 이유는 간단하다. 도시가 콘크리트로만 짜이면, 여름은 더 길어지고 밤은 더 뜨거워진다. 공원·녹지는 보기 좋은 공간이기 전에 열을 흡수하고 바람길을 여는 기반시설이다.

또 하나, 그린 인프라는 연결이 핵심이다. 계획에는 목감천과 주변 광역 녹지축을 촘촘히 잇는 구상이 들어 있고, 목감천을 중심으로 친수공원을 조성하며, 주요 간선도로에는 덮개공원을 만들어 단절을 줄이겠다는 방향도 제시되어 있다.

공원이 섬처럼 흩어져 있으면 사람은 차를 타고 공원으로 가야 한다. 반면, 공원이 그물망으로 이어지면, 사람은 걷다가 공원을 지나게 된다. 나는 여기서 도시의 품질이 갈린다고 보기에 중요하게 여긴다. 휴식이 목적지가 아닌 경로가 될 때, 정원도시는 비로소 생활이 된다.

이 초록의 그물망은 구도심의 등뼈와도 만나야 한다. 4대 산이 버티는 생태적 안전망, 안양천과 목감천이 이어지는 물길의 네트워크, 생활권 골목의 작은 그늘들이 하나의 문장으로 연결되는 도시. 구도심에서 이미 실험해 온 '숲길과 물길의 연결'이, 신도시에서는 설계도로 먼저 들어가는 셈이다. 이건 단순한 미화에 머물지 않고, 도시를 덜 달아오르게 만드는 구조를 완성한다.

나는 여기서 한 가지 욕심을 더 내고 싶다. 이 신도시를 만들어 놓는 데 그치지 않고, 운영하는 도시로 만들자는 욕심. 광명시가 사업 개요에서 목감천 중심 대규모 녹시와 함께 스마트 녹색교통체게 같은 기후 대응 방향을 밝히고 있듯이, 그린 인프라도 결국은 운영의 문제로 가야 한다. 나무를 얼마나 심었느냐보다, 그늘이 얼마나 유지되느냐가 더 중요해지는

시대다. 물주기, 토양, 열섬, 보행량 같은 데이터를 공개하고, 시민이 그 데이터를 읽고 참여할 수 있어야 한다. 그래야 '정원도시'가 생활 속으로 뿌리내리게 된다.

치수와 여가

새로 태어날 신도시는 주택 수만 늘리는 공간을 넘어 사람의 시간이 스며들고 데이터로 관리되는 운영형 정원도시의 모델이 된다. 목감천 저류지를 리모델링해 집중호우 등 재난에 강하면서도 평상시에는 산책과 피크닉이 즐거운 푸른 그물망을 만들 것이다. 정원도시의 물길은 낭만만으로 버티지 못한다. 기후위기 앞에서 하천은 치수가 우선이다. 목감천 하류 도심지 구간은 계획홍수량 초당 765㎥에 비해, 하도 내 저류 가능량이 초당 210㎥약 28%에 그친다. 여유가 없다.

이 부족이 반복되면 시민은 여름마다 마음을 졸이고, 도시는 매년 임시처방을 늘린다. 거주자가 계절마다 긴장으로 사는 도시는 결국 지속될 수 없다. 대규모 저류지 조성은 도시가 불안을 관리하는 방식 자체를 바꾸는 일이 필요하다.

계획하고 있는 저류지는 3곳R1·R2·R3이 추진되고, 100년 빈도 홍수에도 대비하는 규모로 건설된다. 구체적으로는 R1옥길동 일원 24만 9,745㎡, R2노온사동 16만 9,725㎡, R3가학동 6만 3,803㎡ 규모다. R1 저류용량은 267만㎥, 2029년 4월 우선 준공 예정이다.

여기서 끝나면, 저류지는 물 가두는 시설로만 남는다. 내가 생각하는 정원도시는 그 다음 장면까지 포함한다. 치수 시설을 일상의 여가 공간으로 바꾸는 일이다. 실제로 목감천을 중심으로 친수공원을 조성하고, 목감천 저류지를 주민 휴식이 있는 공간으로 탈바꿈시켜야 한다. 이 대목이 중요하다. 물을 막는 것과 사람을 살리는 것은 같은 사업 안에서 함께 설계되어야 한다. 그래야 하천은 재난의 통로를 극복하고 생활의 공간이 된다.

나는 치수와 여가를 이렇게 정리하고 싶다. 비 오는 날에는 저류지가 도시를 지키고, 맑은 날에는 저류지가 도시를 쉬게 한다. 이중 기능이 가능해질 때, 신도시는 집만 늘리는 공간이 아니라 사람의 시간이 스며드는 공간이 된다.

한편, 이 신도시가 운영형 정원도시로 정착하려면 결국 운영의 손잡이를 시민에게도 건네야 한다. 공원은 예산으로 만들 수 있지만, 애착은 예산으로 만들 수 없다. 정원과 물길이 오래 살아남는 도시는, 시민이 그 공간을 이용자에 머물지 않고 관리의 일부로 받아들이는 도시다. 앞에서 안양천 시민참여정원의 사례는, 그 가능성을 보여주는 작은 예고편이다.

4대 산이 도시의 등뼈로 버티는 동안, 3기 신도시는 그 등뼈에 붙는 새로운 근육이 되어야 한다. 도시가 커지는 방식은 건물의 높이가 아니라, 시민의 시간이 존중받는 방식으로 결정된다. 나는 그 시간을, 초록으로 설계하고 싶다.

정원이 도시의 물리적 공간에 선사하는 보편적 휴식이라면, 기본사회는 시민의 생애 전반에 흐르는 제도적 평화다. 나무가 뿌리 내릴 비옥한 토양이 필요하듯, 시민의 존엄 역시 최소한의 삶을 보장하는 사회적 토대 위에서 비로소 꽃피울 수 있기 때문이다. 이제 초록빛 치유의 공간을 넘어, 누구도 소외되지 않는 권리의 숲인 '기본사회'로 나아가고자 한다.

제7장

기본사회

—

누구나
존엄하게 살 권리

기본사회는 도시라는 거대한 집의 '바닥'을 단단하게 다지는 일과 같다. 바닥이 고르지 못하면 그 위에 어떤 화려한 가구(정책)를 놓아도 흔들릴 수밖에 없듯, 광명은 '기본권'이라는 단단한 지반을 조례로 고정하여, 어떤 시민도 삶의 무게에 눌려 아래로 떨어지지 않도록 안전망을 촘촘히 깐 것이다.

복지에서 권리로,
기본사회

기본사회는 도시라는 거대한 집의 '바닥'을 단단하게 다지는 일과 닮았다. 바닥이 기울면, 그 위에 어떤 멋진 가구를 들여놔도 결국 흔들린다. 도시에서 흔들리는 건 사람의 하루다. 월세 날짜, 아이 학원비, 병원비, 겨울 난방비 같은 것들이 한 번에 밀려오면 그날의 바닥이 꺼진다.

광명이 말하는 기본사회는 그 꺼짐을 기분이나 선의로 막자는 이야기와 다르다. 바닥을 고정하자는 말이다. 흔들릴 때마다 붙잡는 게 아니라, 처음부터 흔들리지 않게 못을 박아두는 일. 그래서 우리는 기본을 조례라는 문장에 새기려 했다. 따뜻한 말은 사라져도, 딱딱한 문장은 남는다. 남아 있어야 한다.

복지는 종종 '주는 것'으로 말해진다. "도와준다", "지원한다", "베푼다" 같은 말들이 자연스럽게 따라붙는다. 그런데 나는 그 말들이 늘 불편했다. 주는 쪽과 받는 쪽이 갈라지는 순간, 인간의 존엄은 왜소해지기 때문이다. 도움을 받는 사람의 마음은 생각보다 빨리 움츠러든다. '내가 부족해서 받는구나'라는 생각이 들기 쉽다.

주는 쪽에서는 자신도 모르게 기준을 만든다. '이 정도면 됐지', '이만큼 했으면 고마워해야지' 같은 마음이 정책의 결을 망가뜨린다. 복지가 시혜로 굳어지는 순간, 시민은 시민이 아니라 대상이 된다. 대상은 고개를 숙이고, 권리는 고개를 든다.

내가 추구하는 기본사회는 그 갈라짐을 최소화하려는 시도다. 복지를 시혜로 받아들이지 않고, 기본적 권리로 다시 정의하는 것. 주는 행정에서 고정하는 행정으로 방향을 틀자는 것.

권리로서의 복지는 '내가 힘들면 누군가가 선의로 도와줄 수도 있다'가 아니라, '나는 최소한 여기까지는 떨어지지 않는다'라는 약속이다. 약속이 법과 제도로 박혀 있을 때 사람은 숨을 덜 참는다. 불안의 절반은 예측 불가능에서 온다. 내년에 잘릴지, 다치면 끝인지, 집값이 더 오르면 어디로 밀려날지, 겨울이 길어지면 난방비를 감당할 수 있을지 등의 불안이 만성화되면 사람은 계획을 포기한다. 계획을 포기한 도시는 활력을 잃는다.

기본사회는 시민에게 "내가 너를 구제할게"라고 말하는 게 아니라, "너는 시민이고, 시민이라면 여기까지는 당연히 보장된다"고 말하는 방식이다. 그 차이는 작아 보이지만, 도시의 표정을 바꾼다.

나는 행정을 하면서 하루의 무게가 얼마나 불공평하게 분배되는지 반복해서 보았다. 어떤 사람은 같은 월요일을 걷는데도 바닥이 딱딱하다. 발밑에서 푹 꺼지는 게 없다. 반대로 어떤 사람은 같은 월요일을 걷다가 갑자기 발목이 빠진다. 한 번 빠지면 연쇄가 시작된다. 병원비가 생기고, 일을 쉬고, 소득이 줄고, 관계가 멀어지고, 집이 흔들린다. 이 연쇄를 끊는 방식이 "내가 도와줄게"로만 남으면, 시민은 계속 '심사' 속에 살게 된다.

신청서를 쓰고, 증빙을 떼고, 대상이 되는지 확인받고, 떨어지면 자책한다. 그 과정이 사람을 가장 많이 소진시킨다.

여기서 벗어나야 하기에 나는 복지의 핵심을 대상 선정이 아니라 불안 고정으로 보려 한다. 정치가 삶을 운영하는 기술이어야 한다면, 기본사회는 운영의 기본값을 만드는 일이다. 사람을 줄 세워 가르지 않고, 바닥을 고르게 펴는 기술.

이 지점에서 조례는 단순한 행정 절차가 아니다. 조례는 못과 볼트 같은 것이다. 마음은 날씨처럼 변한다. 선거가 끝나면 분위기가 바뀌고, 예산이 어려워지면 우선순위가 바뀌고, 누가 시장이 되느냐에 따라 강조점이 바뀐다. 하지만 시민의 삶은 그 변화 속에서 흔들리면 안 된다.

그런 관점에서 우리는 '기본'이라는 가치가 도시의 구조가 되도록 만들려고 했다. 구조가 되면, 누구의 정치에 머물지 않고 도시의 약속이 된다. 시장의 결심이 아니라 시민의 권리가 된다. 나는 이 차이를 광명의 다음 10년을 가르는 기준으로 보고 있다.

기본사회는 돈을 나눠준다는 단순한 구호와도 다르다. 물론 소득은 중요하다. 그러나 기본은 소득만으로 정리되지 않는다. 주거, 이동, 배움, 건강, 돌봄, 안전 같은 것들은 서로 얽혀 있다. 하나가 무너지면 다른 것도 같이 무너진다. 따라서 기본사회는 '일회성 처방'이 아니라 '상시적 구조'에 가깝다. 시민이 갑자기 실직해도, 갑자기 아파도, 갑자기 돌봄이 필요해져도, 도시가 최소한의 받침대를 내밀 수 있어야 한다.

받침대는 위로 끌어올리는 사다리가 아니다. 바닥에 부딪히지 않게 받쳐주는 판이다. 그 판이 없다면 시민은 넘어지는 순간 부러진다. 넘어지는 건 누구나 겪는 일인데, 부러지는 건 가난한 사람에게 더 자주 일어난다.

난방비 폭탄
국민을 위해
지금 합시다!
에너지물가
지원금 7.2조
양승조
이 재 명

기본사회는 넘어져도 부러지지 않는 도시를 만들자는 말이다.

나는 시민을 만나면 자주 묻는다. "지금 제일 무서운 게 뭐냐"고. 답은 거창하지 않다. "아이 학원비요", "병원비요", "월세요", "부모님이 아프실까 봐요", "겨울 난방비요" 등의 말 속에는 공통점이 있다. 그들은 도움을 구하는 게 아니라, 불안을 고정해달라고 말하고 있다. 그런 까닭에 기본사회는 감정의 언어가 아니라 구조의 언어로 가야 한다. 슬픔에 공감하는 것을 넘어, 슬픔이 반복되지 않게 만드는 쪽으로. '불편하다'는 말이 쌓이지 않게 만드는 쪽으로. 행정은 결국 시민의 불편을 줄이는 기술이고, 그 불편을 줄이는 가장 강력한 방식은 권리를 확정하는 것이다.

우리가 이 길을 선택한 데에는 광명만의 경험도 있다. 광명은 오랫동안 '어떻게 시민의 말이 정책이 되는가'를 실험해온 도시다. 예컨대 500인 원탁토론회 같은 장치는 단지 참여 행사로 끝나지 않게 설계해 왔다. 시민이 한자리에 모여 도시의 의제를 직접 말하고, 다듬고, 합의하는 과정은 '복지의 언어'를 바꾸는 데도 영향을 줬다.

사람들은 도움 받는 대상이 아니라 결정하는 주체로 서기 시작했다. 주체가 되면, 시혜의 말투는 설 자리를 잃는다. "주세요"가 아니라 "이건 내 삶의 조건이다"라고 말하게 된다. 기본사회는 그 목소리를 제도로 옮기는 작업이다. 시민이 스스로 말한 최소한의 삶을, 도시가 문장으로 고정하는 것. 말에서 끝내지 않겠다는 다짐이다.

권리로 고정된 기본은 시민에게만 이익이 아니다. 행정에도 이익이다. '그때그때' 민원으로 폭발하는 문제를 구조로 흡수할 수 있기 때문이다. 정책이 매번 예외로 작동하면 행정은 피로해진다. 담당자는 소진되고, 시민은 불신하며, 예산은 누더기가 된다. 반대로 기본이 정해지면, 행정은 임기응변을 줄이고 운영의 정확도를 올릴 수 있다. 시민은 '내가 어디까지 보장받는지'를 알고, 행정은 '무엇을 기본으로 놓고 무엇을 확장으로 설계할지'를 분명히 할 수 있다.

기본사회는 도시의 윤리이면서 동시에 도시 운영의 효율이다. 나는 그 두 가지가 충돌한다고 믿지 않는다. 존엄을 지키는 방식이 가장 합리적인 운영이 될 수 있다.

결국 내가 말하는 기본사회는, 복지를 잘하자는 선언이 아니다. '관계'를 바꾸자는 선언이다. 행정과 시민의 관계를 '주는 사람/받는 사람'에서 '약속하는 주체/권리를 가진 시민'으로 바꾸는 것. 시민이 시민답게 살기 위한 바닥을 도시가 책임지는 이야기. 그 책임을 말로만 떠들지 않고 조례로, 구조로, 운영으로 고정하는 이야기다.

따뜻한 말은 그 자체로 아름답지만, 쉽게 사라진다. 나는 사라지지 않는 따뜻함을 원한다. 그래서 '기본'이라는 가치를 딱딱한 문장에 새기려고 한다. 시민이 흔들리지 않게. 도시의 바닥이 꺼지지 않게. '누구나 존엄하게 살 권리'가 표어가 아니라, 일상의 바닥이 되게.

선언을 법으로 확정한
'기본사회조례'

내가 2025년 9월 17일을 오래 기억하는 이유는, 그날 우리가 '정책'이 아니라 '질서'를 하나 더 만들어서다. 그날 광명시의회 본회의에서 '광명시 기본사회 실현을 위한 기본 조례'가 의결됐다. 전국 지방정부 가운데 기본사회 조례를 처음 확정한 사례로 기록됐다.

여기서 전국 최초라는 말은 오히려 부담이다. 최초라는 말은 늘 "너희가 먼저 책임져라"라는 뜻을 품고 있다. 나는 그 책임을 감당할 생각이었다. 기본사회는 구호로 끝나면 시민의 체념만 키운다. 기대를 불러 놓고, 실행이 따라오지 않으면 사람은 다음부터 어떤 약속도 믿지 않는다. 그래서 조례는 '출발선'이어야 했다. 마지막 문장이 아니라, 첫 번째 스위치여야 했다.

조례는 기본사회 정책 전반의 뼈대를 담았다. 시장의 책무를 분명히 하고, 기본사회를 구현하기 위한 종합계획 수립, 현황을 확인하는 실태조사, 시민의 참여를 넓히는 교육과 홍보까지, 기본사회를 운영으로 옮겨놓는 장치들을 채워 넣었다. 이 조례는 2025년 10월 2일 공포 후 즉시 효력이 발생하도록 설계됐다. 말이 길어지지 않게, 실행을 늦추지 않게.

내가 이 조례에서 정작 가장 중요하게 본 건, 사업 목록이 아니다. '무엇을 하겠다'보다 더 중요한 건 '누가 결정하느냐'다. 기본사회가 진짜 기본이 되려면, 시장의 의지 하나에 기대서는 안 된다. 시장이 바뀌면 꺼지는 불빛이면 안 된다. 그래서 우리는 권한의 주소부터 바꾸는 데 집중했다. 기본사회는 복지정책이기 전에, 민주주의 운영기술이다. 이를 감안해 시장이 독점하는 구조를 탈피하고, 시민이 직접 호선으로 뽑은 위원장이 공동위원장을 맡는 구조를 설계했다.

기본사회위원회

행정은 대개 '결정권자'의 시선에서 집행된다. 하지만 시민이 마주하는 행정이란 '결정에서 소외된 이들'의 절박함에서 비롯한다. 같은 도시에서 같은 세금을 내는데, 결정이 늘 위에서 아래로만 흐르면 시민의 삶은 위축된다. 시민은 주인이 아닌 '대상'으로 머물고 만다. 나는 그 상태를 방치하지 않으려 했다.

조례의 핵심 장치는 기본사회위원회다. 위원회는 단순한 자문기구가 아니다. 이 기구는 기본사회가 '시장 개인의 브랜드'로 장식되는 것을 막고, '도시의 합의'로 굳어지도록 구조를 만든다. 조례는 위원회를 25명 이내로 구성하도록 했다. 그리고 가장 중요한 설계를 넣었다. 시장이 위원회 호선으로 선출된 위원장과 함께 공동위원장을 맡는다. 즉, 위원회의 머리가 시장 혼자일 수 없게 했다.

시장이 독점하는 구조에서는, 아무리 회의를 많이 해도 결론은 늘 시장

뜻으로 정리되기 쉽다. 반대로 시장을 완전히 배제하면 행정은 움직이지 않는다. 예산과 조직을 쥔 쪽이 책임을 회피할 수도 있다. 나는 이 실제 구조를 통해 공동책임을 택했다. 시장은 책임을 지고, 시민은 권한을 갖는다. 책임과 권한이 같은 테이블에 앉아야 정책이 현실이 된다.

위원회의 구성 역시 한쪽으로 기울지 않게 설계됐다. 시의회 추천 의원, 시민사회단체, 청년, 장애인, 어르신 등 다양한 시민 대표가 참여하도록 방향을 잡았다. 기본사회는 특정 집단의 이익이 아니라, 서로 다른 삶들이 충돌하지 않고 공존하게 만드는 장치여야 한다.

나는 이걸 결정권의 분담이라 생각한다. 분담은 결정권을 약하게 만들지 않는다. 오히려 결정권을 서로 보완하는 방법이다. 한 사람에게 몰린 권한은 빠른 결정을 내릴 수는 있어도, 잘못된 결정도 빠르게 할 수 있다. 반면 분산된 권한은 느릴 수 있지만 오래 간다. 기본사회는 속도전이 아니라 지속전이다. 1년 성과로 증명되는 게 아니라, 10년 뒤에도 시민이 "그래도 이 도시는 바닥이 꺼지진 않아"라고 말할 때 완성된다.

그리고 이건 정치의 취향 문제를 떠나, 시대의 조건이기도 하다.

지금의 위험은 하나로 오지 않는다. 기후위기, 기술 변화, 불평등의 재편, 초고령사회, 1인 가구 증가……. 위험이 여러 갈래로 동시에 들어오면, 권력도 여러 갈래로 대응해야 한다. 한 부서, 한 사람, 한 계획으로는 감당이 안 된다. 위원회는 '회의체'에 머물지 않고, '감지기'가 되어야 한다. 시민의 삶을 통해 위험을 먼저 감지하고, 도시의 대응을 빠르게 조정하는 센서여야 한다.

조례 통과 이후 우리는 전담 조직도 준비했다. 실행이 없는 위원회는 또 하나의 간판으로 끝난다. 그래서 시는 조례 실현을 위한 전담 조직, 이른

바 기본사회팀 신설까지 계획했다.

나는 이런 디테일이 중요하다고 본다. 시민이 "위원회 만들었대"라고 들었을 때, 곧바로 이어서 "그래서 누가, 언제, 어떻게 움직이는데?"라는 질문이 따라오게 해야 한다.기본사회는 결국 운영이다. 위원회는 그 운영을 '시장 혼자'가 아니라 '도시 전체'가 함께 하는 방식으로 바꿔 놓는다. 이게 내가 조례에서 제일 단단하게 박아 넣고 싶었던 못이었다.

시민이 키운 의제

여전히 구조만으로는 부족하다. 사람 없는 제도는 빈집이다. 기본사회의 내용은 결국 '무엇이 기본인가'를 둘러싼 합의에서 나온다. 이 합의는 책상에서 만들어지지 않는다. 나는 관공서 회의실에서 '삶의 언어'가 살아남기 어렵다는 걸 안다. 회의실은 자꾸 문장을 딱딱하게 만들고, 기록만 남기고, 감각을 지운다.

우리는 시민의 언어를 제도로 밀어 넣는 통로를 이미 만들어 놓고 있었다. 바로 500인 원탁토론회다. 광명은 이 공론장을 2018년부터 이어왔다. 그리고 2025년 9월, 조례가 의회를 통과하기 직전, 우리는 다시 시민 500명 규모의 원탁토론회를 만들었다. 2025년 9월 13일 열린 '제8회 광명시민 500인 원탁토론회'에는 세대별 시민 438명이 참여했다. 여기서 시민은 기본사회가 구호에 그치지 않고 생활의 설계가 되려면 어떤 장치가 필요한지, 아주 구체적으로 쏟아냈다.

그날 토론은 두 가지 방향으로 진행됐다. 한 방향은 생활의 우선순위를 예산으로 정하는 과정이었다. 시민이 직접 제안한 30개 주민참여예산 사업을 놓고 토론과 투표를 거쳐 우선순위를 정했다. 다른 한 방향은 '우리

가 바라는 기본사회'를 상상하는 자리였다. 주거, 돌봄, 교육, 의료, 교통, 안전 같은 주제들이 세대별 경험과 부딪혔다. 청소년의 시간표, 청년의 월세, 중장년의 돌봄 부담, 어르신의 고립—이 도시의 서로 다른 하루들이 원탁에서 한 문장으로 합쳐지려 애썼다.

그 결과로 45건의 기본사회 정책 아이디어가 도출됐다. 45개의 '여론'이 아니라 '의제'가 만들어진 것이다. 공동의 과제 목록이다. 게다가 이 45건은 행정이 미리 써온 설문지를 체크한 결과가 아니다. 과정조력자_{퍼실리테이터}가 붙은 테이블에서 시민이 서로 설득하고 조정해 만든 합의의 산물이다.

나는 그 45건을 '조례의 기본'으로 생각한다. 왜냐하면 조례가 아무리 멋진 문장으로 쓰여도, 그 문장에 피가 돌게 하는 건 결국 시민의 경험이기 때문이다. 기본사회는 행정이 설계해 '배달'하는 게 아니라, 시민이 길러 행정이 '운영'하는 것이다. 시민이 키운 의제는 토론회장에서 끝나면 안 된다. 조례가 그 의제를 붙잡아야 한다. 그래서 조례에는 실태조사와 계획 수립 같은 절차적 장치를 넣었다. 아이디어가 휘발되지 않도록, 다음 단계로 넘어가게 만들기 위해서다.

광명은 2025년에 기본사회 인식 확산과 참여를 위해 정책 아이디어 공모전도 진행했다. 4주간 진행된 공모에서 109건의 아이디어가 접수됐고, 그중 7건의 실행안을 제안자·전문가·실무부서 협의로 추려냈다. 이건 행정이 시민의 생각을 '좋은 의견'으로 칭찬하고 끝내지 않겠다는 약속이다. 의견이 실행으로 바뀌는 경로를 실제로 열어둔 것이나.

여기서 중요한 건 시민참여를 행사로 소비하지 않는 태도다. 민주주의는 절차로 유지된다. 참여는 회의록으로 남아야 한다. 그리고 그 회의록이 예산서와 계획서에 찍혀야 한다. 나는 광명이 그 고비를 여러 번 넘었다고 생각한다. 원탁에서 나온 의제들이 실제 정책으로 흘러가고, 그 정책이 다시 시민의 평가를 받는 순환, 그게 기본사회가 살아 있는 방식이다.

물론 "조례 하나 만든다고 뭐가 달라지냐"는 말도 나온다. 맞다. 조례는 종이다. 종이 자체는 시민을 따뜻하게 해주지 않는다. 하지만 종이가 없으면, 따뜻함은 늘 선택 사항으로 남는다. 선택은 늘 약한 쪽에게 불리하다. 그래서 나는 기본사회가 선택이 아니라 의무가 되게 하고 싶었다. 최소한의 조건을 도시가 책임지는 것, 누구도 바닥 아래로 떨어지지 않게 받치는 것. 그건 시혜가 아니라 권리다.

2025년 9월 17일, 우리는 그 권리를 조례 문장에 고정했다. 그 문장을 움직이는 엔진으로는 기본사회위원회를 세웠다. 시민이 키운 의제를, 도시가 붙잡게 만들었다. 나에게 이날은 '선언이 법이 된 날'이기 이전에, '권력의 주소가 한 칸 더 이동한 날'이다. 시장의 책상에서 시민의 삶터로. 그 이동이 느리더라도, 나는 이 방향이 맞다고 믿는다. 왜냐하면 기본사회는 결국 한 문장으로 귀결되기 때문이다.

누구나 존엄하게 살 권리

시민과 함께하는 이러한 과정 자체가 이미 하나의 성과로 평가받고 있다. 우수사례로 선정되어 지난 9월 국회에서 열린 2025 입법박람회에 소개됐고, 12월에 열린지방시대 엑스포에도 초청을 받았다. 나는 이런 초청이 '상'이라기보다, 우리가 만든 절차가 다른 도시에도 참고가 될 수 있다는 신호라고 본다.

앞으로도 전문가, 시민 대표, 그리고 민의를 대변하는 시의회와 더 긴밀히 협력해 광명의 특성과 가치가 담긴 '광명형 기본사회' 모델을 체계적으로 완성해 가겠다. 기본사회는 한 번의 결의로 끝나는 사업이 아니라, 합의와 실행과 점검이 반복되는 도시의 운영이기 때문이다.

그 '운영'은 결국 예산으로 확인된다. 2025년 12월 22일, 광명시는 2026년도 예산을 확정했다. 의회에서 나는 "이번 예산은 어려운 재정 여건 속에서도 중앙정부 국정과제 방향을 충실히 반영하면서 광명시가 지향하는 기본사회 실현과 지속가능한 성장이라는 도시 비전을 구체적으로 담아냈다"며, "시민이 일상에서 체감할 수 있는 변화를 만들고 지역의 미래 경쟁력을 키우는 데 주력하겠다"고 밝혔다.

기본사회 분야 예산은 약 499억 원이다. 이 예산으로 나는 바닥을 두껍게 깔아보려 한다. 입영지원금, 첫돌축하금, 청년기본소득 같은 기본소득 정책을 이어가면서, 함께아빠 육아휴직 장려금, 독거어르신 제철과일 지원, 가족돌봄 청년지원처럼 촘촘한 돌봄 정책을 더 넓혔다. 또 어린이·청소년 교통비 지원, 교통소외지역 맞춤형 버스 운영을 강화하고, 주거·교육·의료 지원까지 연결해 시민 누구나 '이 도시는 내 삶을 놓치지 않으려 한다'는 감각을 일상에서 체감할 수 있는 기본사회 기반을 다져가고 있다.

누구나 존엄하게 살 권리가 있다. 그 권리를 도시가 '해주겠다'고 말하는 순간, 권리는 다시 선물이 된다. 그래서 우리는 권리를 '확정했다'. 법으로, 절차로, 운영으로. 그리고 이제 다음 단계는 분명하다. 이 조례를 '종이 위의 기본'이 아니라 '골목의 기본'으로 만드는 일. 기본사회는 여기서부터 시작이다. 아울러 500인 원탁토론회를 통해 시민이 직접 제시한 45건의 정책 아이디어가 이 조례의 뼈대가 되었으며, 이는 기본사회가 단순한 공약이 아니라 시민주권의 완성형임을 증명한다.

5대 기본권의 실현

광명형 기본사회는 사람이 태어나는 순간부터 늙어가는 순간까지, 어떤 시기에는 강하고 어떤 시기에는 약해진다. 강한 날은 스스로 해결하지만, 약한 날은 사회가 받쳐줘야 한다. 그래서 우리는 시민의 삶을 다섯 개의 '기본권'으로 다시 읽었다. 소득, 주거, 금융, 음식, 에너지. 소득은 숨이 막힐 때 숨구멍이 되고, 주거는 몸이 쉬는 바닥이 된다. 금융은 불안이 폭주하지 않도록 브레이크가 되고, 음식은 생존의 마지막 줄이 되며, 에너지는 겨울과 여름을 견디는 최소한의 체온이 된다.

조례로 기본을 고정했다면, 이제는 그 조문이 시민의 하루 속에서 실제로 작동해야 한다. 기본권은 선언문 속에서 빛나는 문장이기를 거부하고, 버스 요금 결제 화면과 전기요금 고지서, 경로당의 스피커와 카메라, 동네 냉장고의 문 손잡이처럼 손에 잡히는 물건이 되어야 한다. 광명은 그 물건들을 하나씩 늘려 왔다.

주거와 건강

주거는 단순히 '머물 곳이 생겼다'는 상태가 아니다. 집은 잠을 자는 공간인 동시에, 내 몸과 마음을 다시 세워주는 기지다. 그 기지가 흔들리면, 병원비보다 먼저 무너지는 건 생활의 리듬이다. 그래서 주거정책은 복지정책의 한 칸이 아니라, 도시 운영의 근간이 된다.

'광명형 주거복지'는 주거취약계층을 찾아내고, 연결하고, 옮겨주고, 다시 무너지지 않게 사후관리까지 붙잡는 방식으로 구조를 바꾸는 일을 한다. 그 성과를 근거로 광명시는 2024년 12월, 국토교통부가 주최한 '대한민국 주거복지대전'에서 국토부 장관상을 받았다. 우리는 '찾아가는 주거취약계층 발굴 및 지원, 주거복지센터 운영, 민관 네트워크, 안전주택 운영' 같은 전달체계를 묶어 주거권이 행정의 루틴으로 돌아가게 만들었다. 주거복지센터는. 실태조사를 통해 864가구 1,101명의 주거취약 현황을 파악했고, 공공임대 신청, 이사비·물품 지원, 정보 제공 같은 연계를 합쳐 2,391건을 연결했다. '상담했다'로 끝나지 않고, '연결했다'로 끝내는 방식이다. 게다가 2023년에서 2024년으로 넘어오며 소규모 수선은 822건→1,128건, 임대주택 신청 연계는 421건→489건으로 늘었다. '방 한 칸'은 통계로 잡히지 않는 것 같지만, 실제로는 통계만큼 정직하게 삶을 바꾼다.

여기서 건강권은 병원을 꼭 가는 것으로만 지켜지지 않는다. 건강은 집에서 시작해 동네로 이어진다. 그래서 내가 중요하게 본 공간이 경로당이다. 어르신에게 경로당은 단지 쉬는 곳이 아니라, 하루의 리듬을 다시 짜는 '작은 광장'이다. 그런데 그 광장이 동네마다 서비스 격차를 갖고 있으면, 결국 건강도 격차를 갖게 된다.

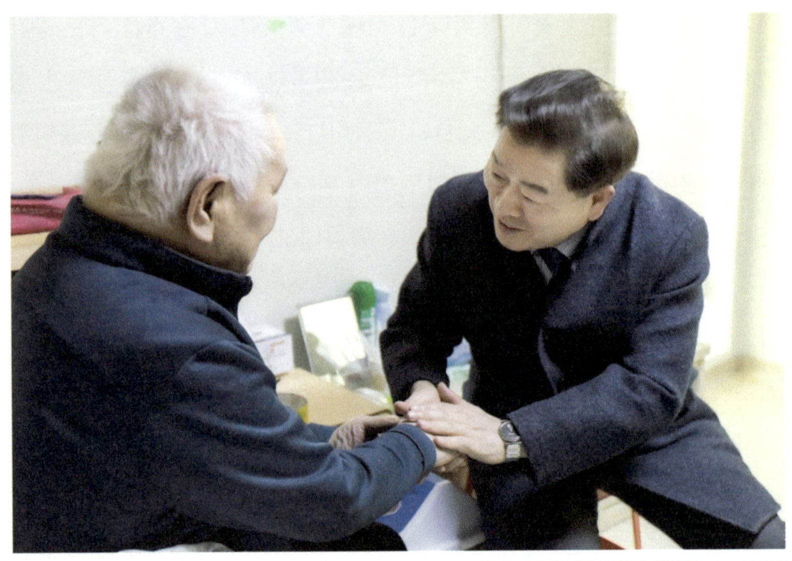

우리는 2025년 1월, 전국에서 처음으로 관내 모든 경로당 112곳을 원격 화상 시스템으로 연결해 '스마트 경로당'을 열었다. 노인회관 스튜디오에서 송출하면 112개 경로당으로 실시간 연결되고, 어르신은 집 가까운 경로당에서 교육·여가·상담을 받는다. 이 사업은 과기정통부 '스마트빌리지' 공모 선정으로 국비 12억 8,100만 원을 확보했고, 총사업비 18억 3,000만 원으로 구축했다. 개소식 날에는 112개 경로당에서 1,200여 명이 원격으로 함께 들어와 한 화면을 보고 같은 박자로 박수를 쳤다. 같은 도시라는 감각이 그 순간 화면을 타고 이동했다.

이 시스템은 노래교실·웃음교실·건강관리 같은 프로그램을 상시로 돌리고, 경로당을 연결의 공간이 되게 만드는 게 핵심이다. 주거권이 '비를 피할 지붕'이라면, 건강권은 '혼자 쓰러지지 않게 하는 관계망'이다. 우리는 그 관계망을 기술로 보강했다.

배움과 이동

도시에서 이동권은 곧 존엄의 속도다. 걸어서 갈 수 있는 곳만 내 삶의 반경이 되면, 그 반경 밖의 기회는 남의 것이 된다. 그래서 나는 복지를 이야기할 때 늘 교통을 같이 생각한다. 버스비는 작은 돈처럼 보이지만, 매일 반복되면 삶의 방향을 바꿔버리는 큰 벽이 된다.

광명은 어린이·청소년·어르신에게 이동을 권리로 만들기 위해 제도를 촘촘히 깔았다. 어르신 버스요금 지원은 2022년부터 분기 4만 원연 16만 원 한도로 진행했고, 규모는 2022년 2만 6,542명약 20억 원, 2023년 3만 1,258명약 33억 원, 2024년 3만 4,444명약 37억 원으로 커졌다. 한 해 20억 원이던 약속을 37억 원으로 늘린다는 건 '이동을 사치로 두지 않겠다'는 행정의 결심이다.

어린이·청소년 대중교통비 지원도 별도로 작동한다. 광명시 기준으로 어린이는 분기 6만 원연 24만 원, 청소년은 분기 9만 원연 36만 원 한도로 버스요금과 일부 교통약자 이동수단 요금을 지원한다. 이동을 지원하는 건 단순히 돈을 보태는 게 아니라, 아이의 일상에 '너는 도시의 손님이 아니라 시민'이라는 신분증을 쥐어 주는 일이다.

배움은 이동권과 같은 결을 가진다. 배움의 기회를 잃는 순간, 사람은 생각보다 빨리 사회 밖'으로 밀려난다. 특히 50대는 사회가 자주 잊어버리는 나이다. 일의 속도는 여전히 빠른데, 배움의 기회는 갑자기 줄어든다. 나는 이 구간을 도시가 책임져야 한다고 생각했다. 그래서 광명은 50대 시민에게 평생학습지원금 30만 원을 만들었다. 2025년 기준 대상은 1966~1975년생이고, 총 2,500명을 선정해 포인트 형태로 지급한다. 그리고 이 지원금은 '강의료만'이 아니라, 지역 평생교육기관·서점은 물론 온라인 강의, 온라인 서점까지 폭넓게 쓸 수 있게 설계했다. 배움의 문이 건물 안에만 있지 않기 때문이다.

산업이 바뀌고, 기술이 바뀌고, 관계가 바뀌는 속도 앞에서 시민이 혼자 적응하게 두면, 그건 경쟁일 수 없고 방치와 다르지 않다. 배움과 이동을 권리로 만들면, 시민은 도시를 '이용'하는 사람이 아니라 도시를 '운영'하는 사람이 된다. 이게 기본사회가 꿈꾸는 시민의 자세다.

위기 속의 기본

기본권은 평상시에는 바닥처럼 보이지 않는다. 위기가 오면, 그때서야 '아, 바닥이 있었구나' 하고 알게 된다. 코로나19 시기는 그런 시간이었다.

나는 그때 확신했다. 재난은 모두에게 오지만, 충격은 불평등하게 떨어진다. 그러니 재난 대응은 실제적인 구조여야 한다.

2020년 3월, 광명은 모든 시민에게 1인당 5만 원의 '광명형 재난기본소득'을 결정했고, 경기도 지원 10만 원과 합쳐 1인당 15만 원이 지역화폐로 지급되는 길을 열었다. 광명시가 마련한 재원은 158억 원 규모로 시 재난관리기금 190억 원의 83%에 달했다.

지역화폐 발행액과 비교하면, 지역경제에 풀리는 돈의 체감이 달라지는 결정이었다. 재난기본소득은 소득권의 장치이면서 동시에 지역경제를 살리는 금융 정책이기도 했다.

2021년에는 국가 상생지원금에서 제외된 시민과 일부 외국인을 대상으로 1인당 25만 원의 '제3차 경기도 재난기본소득'이 지급됐다. 당시 광명에서 대상은 시 인구 29만 5,852명 중 19.2%인 5만 7,056명이었다. 위기에서 '누가 빠지는가'를 끝까지 확인하고, 빠진 사람을 다시 끌어올리는 방식이 중요했다. 기본사회가 말하는 소득권은 '한 번 주고 끝'이 아니라, 누락을 줄이는 기술이다.

하지만 위기에서 마지막으로 남는 것은 돈만이 아니다. 돈이 있어도 당장 냉장고가 비어 있으면, 그날 밤은 길다. 그래서 광명은 '먹을 권리'를 공동체의 손으로 붙잡는 실험을 했다. 그 상징이 '소이곳간'_{공유냉장고}이다. 소이곳간은 한 해 2,111명이 이용했고, 728명이 후원했다. 냉장고 1대가 아니라, '누군가 몰래 버티는 시간을 더는 혼자 버티게 두지 않겠다'는 도시의 태도다.

공유냉장고는 관내 여러 곳으로 확장되어 운영되었는데, 그 과정에서 중요한 건 일상의 연대였다. '남는 음식을 넣는다'가 아니라, '이웃의 끼니를

걱정한다'는 태도. 더 나아가 소하2동에서는 거동이 불편한 노인·장애인 같은 취약가구를 위해 '찾아가는 소이곳간'을 매월 진행했다. 냉장고 앞까지 오기 어려운 사람에게는 냉장고보다 사람이 움직여야 한다. 기본권은 '시설'이 아니라 '접근성'으로 완성된다.

나는 위기 속에서 광명의 성격을 봤다. '각자도생'으로 놓아두지 않고, '누락 없는 돌봄'으로 움직이려는 성격. 재난기본소득이 소득권의 최소선을 지켰다면, 소이곳간은 음식권의 최소선을 지켰다. 그리고 그 둘은 공통적으로 연대가 곧 시스템이 될 수 있다는 증거였다.

기본사회는 결국 운영의 문제다. 돈을 더 쓰느냐 적게 쓰느냐가 아니라, 무엇을 '권리'로 고정하고 어떤 방식으로 '누락'을 줄이느냐의 문제. 주거와 건강, 배움과 이동, 위기 속의 기본을 통해 광명이 하려는 일은 하나다. 시민이 어느 생애 단계에 있든, 어떤 위기를 만나든, 삶이 바닥 아래로 떨어지지 않도록 도시가 바닥을 계속 수리하는 것.

조례는 그 바닥의 설계도고, 정책은 공사 도구다. 그리고 시민의 일상은 계속 고쳐 가며 살아야 하는 집이다. 나는 그 집이 흔들리지 않도록, 그 누구도 문턱에서 밀려나지 않도록, 기본권을 '서비스'가 아니라 도시의 기본 기능으로 끝까지 붙잡고 가려 한다.

생명을 지키는
안전도시 광명

도시는 거대한 집이다. 집이란 결국, 서로의 숨을 나누는 장소다. 누군가는 같은 엘리베이터를 타고, 누군가는 같은 골목을 걷고, 누군가는 같은 지하 공사를 머리 위로 얹고 산다. 그래서 기본사회가 '바닥'을 단단히 다지는 일이라면, 그 바닥의 맨 아래에는 늘 이것이 깔려 있어야 한다. 재난으로부터 안전할 권리.

나는 행정을 하면서 안전이라는 단어가 얼마나 자주 낡은 표어로 소비되는지 봐 왔다. 현수막에는 '안전 최우선'이 적히고, 브리핑에는 "사고 예방에 만전을 기하겠다"가 반복된다. 그런데 사고가 나면, 그 문장들은 종이처럼 얇아진다. 남는 건 숫자와 냄새다. 구조대원의 흙 묻은 장갑, 대피소 체육관 바닥의 차가운 매트, 그리고 핸드폰 화면에 뜨는 '연락 두절' 같은 네 글자.

광명에서 겪은 몇 번의 큰 사건은 나에게 아주 단순한 결론을 남겼다. 안전은 부서가 담당하는 일이 아니라, 도시가 존재하는 방식이어야 한다.

그 방식은 마음만으로 되지 않는다. 권한과 책임, 예산과 시스템이 같이 움직여야 한다. 나는 그걸 '안전 주권'이라고 부르고 싶다. 안전을 요청하는 시민에게 "우린 권한이 없다"는 말로 물러설 수 없는 일이다.

지방정부의 안전 주권

신안산선 공사 현장에서 붕괴 사고가 났던 날을 잊기 어렵다. 사고는 하루아침에 떨어진 벼락이 아니었다. 늦은 저녁 진동 소리 신고가 접수되고 도로 통제가 이뤄졌는데도, 결국 다음 날 오후 상부 도로와 공사 현장이 함께 무너졌다. 그 무너짐은 땅의 구멍이 아니라 신뢰의 구멍이었다. "조짐이 있었는데도 막지 못했다"는 사실이 남기 때문이다.

그때 현장은 왕복 6차로 도로가 휘어지고, 주변이 통제되고, 주민이 대피해야 하는 상황으로 번졌다. 나는 오후 5시 30분경 주민 대피 명령을 내렸다. 긴급했고 긴박했다. 학교와 시민체육관 등 대피 시설을 확인했다. 주민 2,300여 명이 움직였다. 그 많은 사람의 평범한 일상이 한순간에 뒤틀렸다. 모두 "오늘 밤 어디에서 머물지?"라는 고민스러운 표정이었다.

그 붕괴로 현장에서 2명의 작업자 고립과 실종도 발생했다. 고립된 20대 작업자는 밤샘 구조 끝에 사고 발생 13시간여 만에 구조됐다. 오후 3시 30분경 붕괴 사고가 일어났고, 새벽 4시 30분경 구조된 것이다. 나는 현장에서 그 장면을 지켜보며 첫째 날 밤을 뜬눈으로 현장 인근에서 보냈다. 실종된 50대 작업자는 결국 사고 닷새 만에 숨진 채 발견됐다. 닷새 동안 공직자들과 현장을 지키며 마지막 구조 작업을 지켜보았다. 가족의 눈물, 소방 구조대원의 지친 표정, 2차 붕괴의 우려. 모든 위험이 도사린 현장의 시간은 내 피가 마르는 시간이었다.

그 시간표의 앞쪽에는, 기록으로 다 담기지 않는 '먼저 움직인 몇 시간'이 있다. 현장에서는 붕괴 전부터 이상 징후가 있었다고 했다. 붕괴 전날 밤 9시쯤 주변에서 굉음 같은 소리가 들렸고, 그 얘기를 들은 뒤 교통을 먼저 통제했다. 다음 날 나는 오전 11시 30분쯤 현장에 가서 직접 땅 꺼짐이나 싱크홀 우려가 없는지 살폈다. 포스코이앤씨 공사 담당자로부터 싱크홀 우려는 없다는 보고를 받았지만, 오후 3시 30분 무렵 결국 붕괴가 났다. 이상하게도 내가 보고받던 바로 그 자리에서 사고가 터졌다. '만약 사고 직전 그 자리에서 보고를 받고 있었더라면 나도 묻혔을지 모른다', 그 생각이 스쳐 지나갔다.

시민 안전이 제일 중요했다. 시장의 권한으로 시민 안전을 위해 대피 명령을 내려야 했다. 먼저 아파트 주민들에게 5시 30분경 대피 명령을 내렸다. 이후 경기도와 국토부 관계자, 시의 전문가들과 함께 인근 지역의 안전 여부를 확인했고, 자정 무렵 해제 명령을 통해 주민들이 복귀할 수 있었다.

이 과정에서 여러 건설·안전 분야 전문가들로부터 "판단이 빨랐다"는 평가를 받았다. 지방정부가 현장에서 가장 먼저 비난을 받고, 가장 먼저 결정을 강요받는 구조라는 뜻이기도 하니까.

그날 현장에서 내가 뼈저리게 확인한 건 이것이다. 재난은 지방정부가 가장 먼저 맞는데, 권한은 중앙에 묶여 있다는 모순. 사고가 나면 시청은 즉시 움직인다. 대피를 안내하고, 임시 거처를 마련하고, 전기·가스 차단을 요청한다. 하지만 공사의 구조적 위험을 통제하는 근본 권한—공정 중지, 공법 변경의 강제, 안전 계획 수정 요구, 자료 제출의 실시간 강제—이런 권한은 여전히 중앙 중심 체계 속에서 '협조' 수준으로만 주어진다.

이에 따라 신안산선 통과 지역 5개 지방정부와 간담회와 기자회견을 열어 공동 대응하기로 했고, 신안산선 구간 안전 대책과 신속하고 안전한 복구를 요청했다. 그렇지만 사고 발생 이후 수습 과정을 지켜보며 포스코이앤씨가 책임을 다하지 않는다고 판단했고, 공개적으로 책임을 묻는 자리까지 나아갈 수밖에 없었다. 2025년 12월 17일, 시청 대회의실에서 시민·상인 대표들과 함께 기자회견을 열고 포스코이앤씨를 향해 분명히 말했다. "이 사고는 '구조적 안전불감증'의 결과이며, 끝까지 책임을 묻겠다"고.

그 자리에서 나는 세 가지를 요구했다.

첫째, 사고 현장 인근의 통로박스·수로암거는 전면 재시공으로 가야 한다.

둘째, 피해 주민과 상인에 대한 보상은 '법적 기준'으로 시간을 끌지 말고, 설 명절 전까지 신속히 마무리되어야 한다.

셋째, 공사가 다시 움직이려면 시민의 동의와 참여가 전제되어야 한다.

이어서 나는 한 문장으로 못을 박았다. "이 요구가 이행되지 않으면 광명시가 대신 감당해온 행정 대응비와 사고 수습비, 교통 통제로 인한 재정 손실까지 단 1원까지 책임을 물어 손해배상 청구를 포함한 모든 법적 조치를 진행하겠다"고.

나는 여기서 한 걸음 더 나가야 한다고 본다. 이건 '지방이 욕심낸다'는 문제가 아니다. 책임이 있는 곳에 권한이 있어야 한다는 상식의 문제다. 사고가 나면 시민은 시장에게 "도시는 뭘 했나?", "왜 막지 못했나?" 하고 묻는다. 그 질문은 정당하다. 그런데 그 질문에 답할 도구가 없다면, 행정은 결국 사후 수습의 반복으로 늙어간다. 수습은 중요하지만, 수습만으로는 도시가 안전해지지 않는다.

소하동의 아파트 화재도 마찬가지였다. 2025년 7월 17일 밤, 아파트 1층

필로티 주차장에서 시작된 불은 순식간에 사람들을 옥상으로 몰아 올렸다. 화재는 그날 밤으로 끝나지 않았다. 시간이 지나 치료를 받던 주민이 세상을 떠나면서, 이 화재는 필로티 구조, 스프링클러 설치 범위, 불법 시설물, 관리 주체의 공백 같은 여러 문제를 다시 끄집어냈다.

개인의 과실이 있더라도, 도시가 배워야 할 건 시스템이다. 관리 공백이 생기는 주거 형태를 어떻게 공공이 감시하고 보완할 것인가, 필로티·주차장 같은 취약 구간의 안전 기준을 어떻게 현실에 맞게 끌어올릴 것인가, 불법 증축과 배연 문제를 어떻게 사전에 걸러낼 것인가—이는 결국 지방정부가 매일 다뤄야 할 질문이다.

나는 '지방정부의 안전 주권'을 이렇게 정의하고 싶다.

첫째, 멈출 권한. 위험이 감지되면 공사를 멈추게 할 수 있어야 한다. '협조 요청'이 아니라, 법적 권한으로. 둘째, 들여다볼 권한. 안전진단 자료, 공법 변경 사유, 하도급 구조, 현장 점검 결과를 즉시 제출받고 공개할 수 있어야 한다. 셋째, 바꿀 권한. 위험한 구조와 공법은 바꾸게 할 수 있어야 한다. '권고'가 아니라 '명령' 수준으로. 넷째, 회복시킬 권한. 사고 뒤 복구·보상·재발방지 대책이 지연될 때, 지방정부가 법적 수단으로 강제할 수 있어야 한다.

이 네 가지가 없으면, 지방정부는 늘 '현장 대응'만 하다가 소진된다. 반대로 이 네 가지가 갖춰지면, 지방정부는 재난을 줄이는 존재가 될 수 있다.

여기서 중요한 건 중앙정부와 지방정부 간의 감정싸움이 아니다. 사고는 현장에서 터지고, 현장은 지방에 있다. 현장을 가장 잘 아는 주체가 현장을 통제할 수 있어야 한다. 그래야 시민이 납득한다. 그래야 행정이 부끄럽지 않다.

그럼에도, 사고는 완벽히 사라지지 않는다. 아무리 제도를 고쳐도 재난은 틈을 찾아온다. 그래서 나는 안전 정책을 생각할 때 늘 두 방향으로 생각을 정리해 본다. 하나는 사고를 줄이는 방법으로 예방·점검·권한·규제에 관한 것이고, 다른 하나는 사고 뒤의 삶을 지키는 대피·주거·돌봄·회복의 문제다.

'안전해홈'은 두 번째 방향의 정책이다. 솔직히 말하면, 이 정책은 거창한 철학으로 시작되지 않았다. 아주 현실적인 장면에서 시작됐다. 집이 사라진 사람을 보았기 때문이다. 화재로 전소된 집, 폭설로 무너진 비닐하우스, 갑작스러운 재해로 돌아갈 곳을 잃은 가족. 그때 행정이 할 수 있는 가장 정직한 대답은 결국 하나다.

"오늘 밤 잘 곳을 마련해주겠다."

광명시는 재난·재해로 임시 거처가 필요한 시민을 위해 '안전주택'을 마련했고, 이것을 시민에게 더 직관적으로 닿게 부르기 위해 '광명 안전해홈'이라는 이름으로 알렸다.

제도적 근거도 갖췄다. 2024년 10월 관련 조례를 마련했고, 시행규칙에는 재해 가구의 기본 사용허가 기간을 14일로, 연장 시 최대 30일 범위로 규정했다. '14일'은 짧아 보이지만, 재난 직후 가장 위험한 2주를 넘기게 해주는 시간이다.

예산도 즉시 편성했다. 2024년 추경 편성으로 안전주택 등 건물매입비로 32억 원이 배정되었다. 이런 결정은 정책의 의지를 보여준다. 안전은 자산이고, 자산은 결국 예산으로 산다.

이게 왜 중요하냐면, 재난 직후에는 지원 제도가 있어도 시간이 가장 큰

적이 되기 때문이다. 서류를 떼고, 심사를 하고, 연계를 하고……. 그 사이에 사람은 무너진다. 그래서 안전해홈은 '자격을 따지는 집'이 아니라 '먼저 살게 하는 집'이어야 한다고 생각했다. 실제로 광명시는 정식 운영 전에 폭설 피해 이재민에게 안전주택을 긴급 제공했고, 뒤이어 화재로 전소된 가구에도 즉시 지원했다.

소하동 화재 이후 주민들은 체육관 대피소, 숙박 시설, 지인 집을 옮겨 다니며 버텨야 했다. 대피소에 머물던 21세대, 약 50명에 대해서, 광명시는 안전해홈에 즉시 입주시켰다. 세대수가 많아 신청이 한꺼번에 몰리면서, 추첨으로 입주 대상을 정해야 했다. 배정을 받지 못한 가구들도 그대로 두지 않았다. LH 등 다른 안전주택으로 연계해, 긴급한 주거 공백이 생기지 않도록 끝까지 지원했다.

안전해홈을 이야기할 때 내가 꼭 강조하고 싶은 장면이 있다. 대피소에 들어온 시민이 가장 먼저 묻는 건 "지원금이 얼마냐"가 아니다. 대부분은 이렇게 묻는다.

"우리 아이가 오늘 잘 수 있어?"

"약이 있는데 집에 못 들어가면 어떡해?"

"내일 출근은 해야 하는데 어디서 씻지?"

안전해홈은 그 질문들에 대한 광명시의 답변서다. 그리고 그 답변서는, 문이 잠기는 실제 방, 물이 나오는 실제 욕실, 불을 끄고 누울 수 있는 실제 침구로 쓰여져 있다.

여기서 안전해홈은 단지 '방 하나'가 아니다. 나는 이것을 도시가 시민에게 건네는 최소한의 존엄이라고 생각한다. 집은 재산이기 전에 삶의 껍질이다. 그 껍질이 벗겨진 순간, 사람은 가장 약해진다. 그때 행정이 "절차대로 하자"고만 말하면, 그 말은 폭력처럼 들릴 수 있다. 안전해홈은 그 말 대신, 절차가 도착하기 전까지 사람을 먼저 살려두는 장치다.

안전은 '정책'이 아니라 '운영'이다. 나는 기본사회를 이야기하면서 종종 '바닥'이라는 비유를 쓴다. 주거·소득·에너지·금융·음식의 기본권도 바닥이고, 그 바닥이 튼튼해야 도시가 흔들리지 않는다. 그런데 안전은 그 바닥의 맨 아래, 지반이다. 지반이 흔들리면 바닥은 의미가 없다. 나는 이렇게 말하고 싶다.

"안전도시란 사고가 '없는' 도시가 아니라 사고가 났을 때 사람이 덜 다치고, 더 빨리 회복하고, 같은 일이 반복되지 않게 배우는 도시다."

이를 위해 광명은 두 방향으로 가야 한다. 하나는 '지방정부의 안전 주권'으로 예방과 통제의 권한을 확보하는 길, 다른 하나는 '안전해홈'처럼 피해 이후의 삶을 지켜주는 회복의 길. 이 두 개가 함께 가야 한다. 하나만 있으면 도시는 절룩거린다.

행정의 존재 이유를 한 문장으로 줄이라면, 나는 이렇게 쓰겠다. '생명을 지키는 일'이라고.

결과는 아주 소박한 장면으로 증명된다. 붕괴 현장에서 아이들이 무사히 하교할 수 있었는지 확인하는 일, 화재 뒤에 울고 있는 가족에게 오늘 밤의 방을 열어주는 일, 그리고 다음 사고를 막기 위해 권한의 지도를 다시 그리는 일.

기본사회는, 그런 일을 '권리'로 고정하는 시도다. 안전도 마찬가지다. 시민의 생명을 지키는 권리는 누구의 호의가 아니다. 도시가 시민에게 빚진 가장 오래된 약속이다.

마침표가 아닌 운영의 시작: 시민주권시대의 미래
정치는 권력의 기술이 아니라 삶을 지키는 운영의 기술이다. 광명의 기본사회 모
델은 이제 대한민국 지방자치의 새로운 표준이 되려 한다. 1장 자치분권에서 시
작해 7장 기본사회에 이르기까지, 우리가 걸어온 길은 결국 권력의 주소를 시장
의 책상에서 시민의 삶터로 옮기는 여정이었다. 이제 광명은 시민이 스스로를 책
임지고 서로를 돌보며 미래를 설계하는, 지속가능한 '시민주권정부'로서 그 길을
멈추지 않고 걸어갈 것이다.

우리의 위대한 동행은,
이제 다시 시작이다

서문에서 나는 가슴에 늘 품어왔던 질문을 꺼내 놓았다.

"이 결정은 누구를 위한 것인가."

이 질문은 결국 "광명은 누구를 위해 존재하는가"라는 근원적인 물음과 맞닿아 있다. 수많은 정책의 갈림길에서 질문의 형태는 매번 달랐으나, 내가 도달해야 할 목적지는 언제나 한 곳을 향해 고정되어 있었다. 나의 대답은 단 한 번도 흔들린 적이 없다.

"도시의 모든 길은 시민을 향해야 하고, 그 길을 걷는 시민이 직접 도시의 운명을 결정하는 주인이 되어야 한다."

지금까지 나의 행보는 그 당연한 진리를 증명하는 과정이었다.

행정은 대개 보고서로 완료된다. 하지만 시민의 삶은 보고서 밖에서 비로소 시작된다. 시민의 삶은 숨소리와 표정, 신체의 통증과 일상의 이동 거리에 존재하기 때문이다. 지난 7년, 내게 가장 큰 스승은 시장실의 회의 탁자가 아니라 현장에서 돌아오는 길 위에서의 사유였다.

때때로 민원이나 사소한 불편이라는 수식어는 그 안에 담긴 삶의 무게를 온전히 담아내지 못한다. 경사진 골목, 끊긴 보도블록, 꺼진 가로등처럼 행정이 놓치는 지점들에 누군가의 생존이 걸려 있다. 아이가 넘어지는 그 짧은 순간이 어떤 가정에는 끝 모를 절박함이 된다. 그 절박함을 행정의 영역으로 끌어안는 것이 모든 정책의 시작이어야 한다. 행정이란, '누구의 고통을 먼저 살필 것인가를 결정하는 가치의 배분'이어야 한다.

자치분권에서 기본사회에 이르기까지 이 책에서 다룬 일곱 개의 화두는 부서별로 떼어놓을 수 있는 별개의 성과가 아니다. 우수사례라는 칸막이를 걷어낼 때 비로소 우리는 진실을 마주할 수 있다. 이 일곱 개의 길은 결국 '우리는 어떻게 함께 잘 살 것인가'라는 본질적인 질문을 향해 나란히 뻗어 있는 하나의 길이다.

이는 시민의 권력이라는 하나의 엔진이 굴러가게 하는 톱니바퀴다. 도시가 주권자를 위해 작동하는 일상의 운영체제os다. 자치가 단단해질수록 참여가 일상이 되고, 참여가 일상이 될수록 도시는 회복력을 얻는다. 우리는 광명에서 그 단순한 진실을 수없이 확인해왔다. 나눌수록 약해지는 권력이 아니라, 나눌수록 강해지는 도시를.

도시는 한 번의 결단으로 바뀌지 않는다. 반복되는 운영으로 바뀐다. 큰 사업 하나로 도시가 갑자기 바뀐 것처럼 보일 때도 있지만, 실은 그렇지 않다. 그 밑에는 늘 수천 번의 설명, 수백 번의 조정, 끝없는 설득과 점검이 깔려 있다. 내가 심었다고 말해도 되는 게 있다면, 그건 결과가 아니라 방향이다. 자치와 분권의 방향. 그리고 씨앗.

하지만 씨앗이 숲이 되기까지는 결국 시민의 손길이 필요했다. 물을 주고, 잡초를 뽑고, 바람을 막아주고, 다시 심어주는 손길. 광명의 변화는 늘 그 손길 위에서 자랐다.

나 역시 흔들린 시간이 있었다. 시의원 선거에서 낙선하거나, 공천 배제라는 벽 앞에 섰을 때, 정치라는 일을 내려놓고 싶었던 순간이 있었다. 정치는 때로 사람을 소모시키는 일처럼 보였다.

여의도 민주당사 앞에서 공정한 경선 요구를 하며 단식농성을 할 때, 나를 다시 일으켜 세운 건 함께해 준 시민들의 눈빛, "포기하지 마"라는 한마디, 그리고 그들이 보여준 믿음이었다.

그 믿음은 개인 박승원에 대한 지지라기보다, 시민주권이 실제로 작동할 수 있다는 증거였다. '우리가 나서면 바뀐다'는 경험. 그 경험이 우리를 다시 앞으로 밀었다. 나는 그때 확실히 알게 됐다. 정치는 결국 권력을 쥔 사람이 만드는 게 아니라, 권력을 주인에게 돌려주려는 사람들이 함께 만드는 거라는 걸.

나는 광명의 변화가 광명에서만 머물지 않길 바란다. "광명시처럼 해보자"는 말이 전국으로 번져나갈 때, 지방의 경쟁력은 곧 국가의 경쟁력이 된다. 중앙이 모든 답을 쥐고 있지 않고, 지역이 각자의 해답을 만들어 공유하는 나라. 그게 내가 꿈꾸는 더 큰 숲이다.

나는 종종 무대 위 주연처럼 보일지도 모르지만, 솔직히 말하면 이 드라마의 대본은 시민이 썼다. 나는 그 대본을 현장에서 읽고, 행정으로 옮겨 적으며, 제도로 무대장치를 만드는 역할을 맡았을 뿐이다. 시장이라는 자리는 시민의 의견을 모으는 중심이어야 한다.

도시는 대규모 합창단과 닮았다. 시장인 나는 지휘자라는 자리에 서 있지만, 지휘자의 팔만으로 노래가 생기지 않는다. 각자의 자리에서 자기 목소리를 내는 시민이라는 단원이 있어야 화음이 만들어진다. 누군가의 목소리를 키우겠다고 다른 목소리를 눌러버리면 합창은 바로 무너진다. 내가 할 일은 팔을 더 크게 흔드는 것이 아니라, 서로의 숨을 듣게 하고 음이 맞춰지도록 박자를 세우는 일이다.

이 책은 우리가 지난 7년 동안 그렇게 음을 맞추며 만들어온 '시민주권'이라는 화음의 기록이다. 동시에 앞으로 더 웅장하게 울려 퍼질 합창을 위한 악보다. 예산과 조례, 정책의 문장들이 그 악보의 음표라면, 시민의 참여는 그 악보를 실제 노래로 만드는 공연이다.

그러니, 이 책을 덮는 순간은 마침표가 아니다. 시민이 스스로를 책임지고, 서로를 돌보며, 미래를 설계하는 '시민주권시대'를 지속가능하게 운영하기 위한 지침서의 첫 페이지를 넘기는 순간이나 마찬가지다. 시민의 삶이 멈추지 않고 계속 이어지는 한, 정치는 완결로 고정되지 않는다. 그것은 부단히 스스로를 고쳐 쓰는 영원한 갱신의 과정이다. 어제의 약속이 오늘의 실행으로 이어지고, 오늘의 실행은 내일의 신뢰로 이어진다. 이러한 반복을 멈추지 않는 것이 나의 일이다.

정직하고 우직하게, 사람의 편에 서는 일을 멈추지 않겠다. 우리의 위대한 동행은, 이제 다시 시작이다.

시민을 기반으로 한
광명시의 미래를 기대하며

'시민과 함께하면 절대 실패하지 않는다'라는 신념을 항상 가슴에 새기고 있는 박승원 시장. 그는 시민이 주권자로서 중심에 서고, 행정은 시민들의 명령에 따라 움직이는 것이 지방자치의 기본이라고 믿는다. 시대적이고 미래적인 가치를 바탕으로 '시민과 함께 광명시의 길'을 만들어 가는 것, 광명시가 대한민국을 대표하는 자족 경제도시로 자리 잡기를 바란다. 또한 광명시민이 자부심을 품고 살 수 있는 도시 그리고 모든 세대가 행복하게 공존하며 지속가능한 미래를 함께 설계해 나가는 도시를 꿈꾼다. 시민과 함께 이룩한 차량기지 광명 이전 백지화는 그 꿈을 이루는 초석이자 전진을 위한 위대한 동력이었다.

Q. 차량기지 이전 백지화라는 결실을 얻게 됐는데, 우선은 이번 과정을 통해 어떤 감정을 느끼셨는지 궁금합니다.

차량기지 이전 문제가 처음 대두된 것은 무려 18년 전이고, 시민이 본격적으로 반대를 시작하며 치열하게 활동을 벌인 것은 5년 전입니다. 이렇게 오랜 시간이 지난 끝에 마침내 많은 사람이 납득할 수 있는 좋은 결과를 얻어내 굉장히 기쁘고 감격스럽습니다. 차량기지 이전 백지화 활동이 성공할 수 있었던 것은 바로 시민이 적극적으로 나서 주신 덕분이라고 생각합니다.

사실 처음에는 차량기지에 관한 구체적인 정보보다도 전철역이 생긴다는 소식이 많이 알려져 이전을 찬성하는 시민도 적지 않았죠. 또 차량기지가 들어오더라도 지하화될 것으로 알고 있는 분들이 많았습니다. 초반에는 광명시에서도 전철역 설치와 차량기지 지하화 등을 포함해 시민의 편의와 광명시의 이익을 보호하기 위한 네다섯 가지 사안을 국토부에 건의하는 정도였죠. 그러나 이 제안들이 전혀 받아들여지지 않았습니다. 그때부터 저희는 차량기지 이전 사업에 대한 정확한 정보를 시민에게 있는 그대로 알렸습니다. 지금 돌이켜보면 정말 옳은 선택이었다고 생각합니다.

차량기지 이전으로 인해 발생할 문제점과 그로 인해 피해를 알게 되자 차량기지 이전에 반대하는 시민이 늘어났습니다. 왜 광명시민이 차량기지 받아들이고 희생을 감수해야 하는지, 차량기지가 광명시 실질적인 이익보다 큰 피해를 주지 않을지 의구심이 생기면서 분노의 목소리는 점점 커져 갔습니다. 그렇게 결집한 시민께서 광명의 미래를 위해 함께 싸워주신 덕에 백지화라는 값진 결과를 이뤄낼 수 있었습니다. 광명시를 책임지고 있는 시장으로서 이 모든 과정을 겪으면서 많은 것을 배웠습니다.

시민과 함께하면 절대로 실패하지 않는다는 교훈을 다시금 깨닫는 기회가 됐지요. 시민과 함께 싸우는 과정은 때로는 어렵기도 했지만, 한편으로는 정말 소중한 기억이 됐습니다. 갈등을 최소화하기 위해 고민하고 관련 부서들과 논의하고 협력하며 함께 싸웠던 시간이 제게는 오랫동안 큰 의미로 남을 것 같습니다. 마지막으로 이 모든 일을 가능하게 해주신 광명시민께 깊이 감사의 말씀을 전합니다. 여러분의 노력과 헌신 덕분에 얻은 결과입니다. 광명의 미래를 위해 함께 걸었던 시간은 앞으로도 제가 시장으로서 소임을 다하는 데 큰 원동력이 될 것 같습니다.

Q. 차량기지가 결정되어 추진되고 있던 과정에서 시민의 목소리를 듣고 시장님께서도 시민의 편에 서게 됐는데 정확히 어떤 사안이 결정적 계기가 됐나요.

결정적인 계기는 바로 국토교통부가 광명시와 광명시민의 의견을 받아들일 의사가 없다는 사실을 깨달은 것입니다. 차량기지 이전 사업 전략 환경 영향 평가서 공청회 당시, 저도 처음부터 끝까지 자리를 지키며 시민의 목소리를 직접 들었습니다.

광명시민이 사업에 문제점을 논리적으로 지적하고 질문을 던졌지만, 국토부는 제대로 된 답변이나 명분을 제시하지 못했습니다. 시민의 질문이 이어질수록 이 사업이 얼마나 부당한지만 더욱 명백히 보였습니다. 그 과정을 지켜보면서 이 사업을 계속 추진하는 것은 옳지 않다는 생각이 들었습니다. 그래서 제가 그 자리에서 마이크를 들고 이렇게 말씀드렸습니다. "광명시는 더 이상 차량기지 이전 사업을 추진하지 않겠습니다. 국토부는 사업을 중단하고 원점에서 재검토해 주시기를 바랍니다. 이 자리에 계신 광명시민께 진심으로 사과드립니다. 지난 선거 때 저는 차량기지를 지하화하고 지하철역을 5개 노선을 설치하겠다는 공약을 한 적이 있습니다. 그러나 취임하고 알아보니 국토부에서 이를 전혀 받아들이지 않아 더 이상 사업을 추진할 수 없다는 결론을 내렸습니다. 죄송합니다."

국회토론회
구로차량기지
광명이전 관련
갈등현안
2023년 4월 21일(금) 오후3시
국회의원회관 대회의실

이 발언 이후 담당 국장이 다가와 제게 묻더군요. "시장님 갑자기 차량기지 추진을 중단하면 어떻게 합니까?" 그래서 "이 자리에서 이렇게 공식적으로 말하지 않으면 차량기지가 멋대로 진행될 것 아닙니까"라고, 단호하게 대답했습니다.

그때 담당 국장이 깜짝 놀라던 모습이 지금도 기억납니다. 중앙정부가 추진하는 국책사업을 지방자치단체가 반대하거나 저항했던 사례가 거의 없었으니, 담당 국장의 그런 반응은 당연한 것이었죠. 하지만 아무리 국가가 주도하는 사업이라 하더라도 지역 주민의 목소리와 지방정부의 의견이 충분히 반영되지 않는다면 그것은 옳지 않은 일입니다.

저는 광명시의원, 경기도의원, 자치분권위원회 위원 등으로 오랫동안 활동하면서 자치분권의 중요성에 대한 확신과 신념을 가지고 있었습니다. 주민의 의사의 반하는 정책은 시행되어서는 안 된다는 신념이 확고했기에 차량기지 이전은 제게도 정말 중요한 문제였습니다. 물론 중앙정부의 국책사업에 반대하는 일이 쉽지만은 않겠지만 민주주의 주권자는 시민이고, 시민이 중심이 되어야 한다고 판단했습니다. 단결해서 강한 목소리를 낸다면 결국 정부도 받아들일 수밖에 없을 것이라는 확신도 들었죠. 그래서 시민의 편에 당당히 서기로 했습니다.

Q. 시민과의 협력 과정에서 힘들었던 부분이나 인상 깊었던 순간이 궁금합니다.

가장 힘들었던 부분은 시민 사이에서 조율점을 찾아 대립과 갈등을 줄이는 일이었습니다. 모든 시민이 같은 의견을 가질 수는 없지요. 광명시의 자연 훼손과 소음 공해 등을 우려하며 반대하는 의견도 있었지만, 지하철역이 생기면 편리해질 것이라며 찬성하는 의견도 있었습니다.

이처럼 서로 다른 입장 사이에서 서로를 지나치게 자극하거나 갈등이 격화되지 않도록 조심스럽게 중재해야 했습니다. 발언이나 연설에서도 언어를 정제해 신중하게 전달하도록 부탁드렸고. 모든 시민의 의견과 입장 차이를 보듬고자 노력했습니다. 찬성하는 시민도 차량기지 이전 사업에 대해 부분적으로만 알거나 오해하는 경우가 많았기에, 전체적인 맥락과 정보를 전달하는 데 최선을 다했습니다. 실제로는 지하철역이 들어서더라도 광명시민이 출퇴근에 유용하게 이용할 수 있는 핵심 노선이 아니라는 문제가 있었죠.

그 한계점을 잘 설명하고자 했고, 차량기지 이전 사업이 아니더라도 신천 신림선 등 다른 노선을 계획하고 있는 등 광명시가 시민의 이동 편의를 위해 최선을 다하고 있다는 인상을 심어 드리고자 최선을 다했습니다. 또 갈등을 완화하기 위해 간담회를 열어 찬성 측과 반대 측 모두 의견을 내놓을수록 함으로써 어느 한쪽 의견만 밀어붙이지 않으려고 노력했습니다. 같은 광명시민으로서 분열이 아닌 연대를 이루는 것이 중요하기 때문이죠.

구로구민과의 갈등 해소도 어려운 문제였습니다. 구로구민 역시 차량기지로 인해 오랜 시간 고통받아 왔고 차량기지의 이전을 간절히 바라고 있었기에 그들의 실정에 충분히 공감했습니다. 그러나 광명시민에게 같은 고통을 겪게 할 수는 없다는 점을 호소하며, 지역 간 갈등으로 문제가 격화되지 않도록 동질감을 강조하는 데 힘을 쏟았습니다.

한편, 가장 인상 깊었던 순간은 참여하는 시민의 열정이 피부에 와 닿고 시민 활동이 퍼지는 속도가 정말 빠르다는 것을 느낀 때였습니다. 처음에는 손 팻말을 들고 반대 운동을 시작하면서 SNS 인증사진 등을 올려 보자는 논의만 했었는데, 그렇게 빨리 퍼지며 큰 파급력을 일으킬 줄은 상상도 하지 못했습니다. 광명시 곳곳의 수많은 단체가 힘을 모아 현수막을 내걸고, 구호를 외치는 동영상과 사진을 올렸습니다. 심지어 일자리위원회나 소상공인연합회처럼 차량기지와 직접적인 관련 없이 모인 단체들도 자발적으로 사진을 찍어 올리고 메시지를 전하는 모습을 보면서 정말 깊은 인상을 받았습니다. 그리고 시민운동장과 시민체육관 등 다양한 곳에서 집회를 하는 등 다양한 활동 했었는데, 매번 시민이 보여준 창의적인 아이디어와 열정적인 참여에 감동을 받았습니다. 광명시와 시민이 서로를 아낌없이 돕고 함께하는 모습을 보면서 시민의 위대함을 느꼈습니다. 광명시 주민이 광명에 긍지를 갖고, 광명을 더 사랑하게 되길 바라던 제 바람이 이루어진 것 같아 뭉클한 순간으로 남아 있습니다.

Q. 지방자치단체장으로서 시민과 연대하며 중앙정부의 정책에 맞서는 일이 쉽지 않았을 텐데 어떤 어려움이 있었나요. 이를 어떻게 극복하셨는지도 궁금합니다.

결코 쉬운 일은 아니었습니다. 제가 차량기지 이전을 공개적으로 반대하는 모습을 못마땅하게 여기시는 분이 많았으니까요. "국가가 주도하는 사업을 어떻게 중단시키느냐?", "대안은 있느냐" 등의 타박도 많이 들었습니다. 그럴 때마다 저는 이렇게 답했습니다.

"차량기지 이전을 막아내지 못하면 역사에 큰 불명예로 남는 정치인이 될 겁니다."

8만 5,000평이나 되는 거대한 면적의 차량기지가 광명 시내 중심지 그것도 지하가 아닌 지상으로 들어서면 어떻게 되겠습니까? 그 주변 일대는 어떤 해결 방안도 없이 소음과 진동 그리고 미세먼지 같은 온갖 환경오염 문제를 끼고 살아가야 할 것이 뻔합니다.

이런 상황에서 시민의 삶과 광명의 미래를 희생하며 차량기지 이전을 용인할 수 없었습니다. 차량기지 이전 사업을 백지화하지 못한다면 미래 광명시민에게 엄청난 죄를 짓게 되는 것이라 생각했고, 광명시의 미래를 위해 싸우기로 결심했습니다.

물론 쉽지만은 않은 싸움이었지만 저에게는 이 사업이 논리적으로 타당하지 않다는 확신이 있었습니다. 전문가들과 끊임없이 논의하고 자료들을 꼼꼼하게 분석하며 사업을 수차례 검토해 봤는데, 차량기지가 광명시에 와야 할 논리적인 이유가 너무나 부족했습니다. 구로구 주민의 민원 때문에 차량기지를 서울 밖으로 내보낼 것만 생각하고, 그 과정에서 비용이 가장 적게 드는 지역으로 광명을 선택했을 뿐 차량기지 이전으로 인한 국가적 발전이나 지역 주민의 편익 증대 같은 효과성은 전혀 없었습니다. 국가 정책이긴 하지만 광명시 입장에서는 일방적으로 부당하기만 한 정책이었기에 싸워볼 만하다는 확신도 들었죠. 또한 국토부의 사업 추진 과정에서도 허점이 많이 보였습니다. 타당성 조사가 세 차례나 진행되는 동안 논리적으로 맞지 않는 부분이 다수 드러났고 수치와 근거에도 오류가 많았습니다. 국토부가 사업 추진의 강한 의지가 있는 것 같지 않다는 느낌도 받았습니다. 이런 허점을 파고들며 논리적으로 다투어볼 만하다는 자신감이 생겼습니다. 마지막으로 이건 제 개인적인 성향인데 '굼벵이도 밟으면 꿈틀한다'는 속담처럼 강자가 합리적 근거 없이 약자에게 일방적으로 손해를 밀어붙일 때 저항하고 싶은 기분도 들더라고요. 차량기지 이전 문제도 시민과 함께 싸우고자 하는 저의 열망에 불을 지폈던 것 같습니다.

Q. 차량기지 이전 백지화를 위해 광명시가 대외적으로 펼친 노력이 궁금합니다.

차량기지 이전 문제는 단순히 광명시의 문제만이 아니라 수도권 전체에서 벌어지는 구조적인 문제와 연결되어 있습니다. 서울시는 혐오 시설을 경기도 내 주변 도시로 이전하는 방식을 반복해 왔습니다. 예민한 문제인 만큼 이전하기 전 지방정부나 시민과 제대로 된 협의가 필요한데도 중앙정부와 서울시가 수도권 종합계획이라는 명목으로 지방정부의 의견을 배제한 채 일방적으로 결정을 내리니 끊임없이 마찰이 생길 수밖에 없죠.

이러한 불합리에 대응하기 위해 경기도 내 협의체를 만들어 공동으로 대응하자고 제가 제안한 적도 있습니다. 경기도 내 지방정부가 함께 연대에 수도권 내 불균형적인 시설 분배 문제를 해결하자는 취지였지요.

이 불합리한 결정을 철저히 검토하고 반박하기 위해 우리나라 최고의 철도 전문가들을 초청해 여러 차례 토론과 논의를 거치기도 했습니다. 차량기지를 광명의 다른 곳으로 이전할 수는 없는지, 그 외 제3의 지역으로 이전하는 대안이 있을지 등도 수없이 검토했지만 결국 차량기지가 광명에 들어설 경우 환경적·경제적·사회적으로 모두 부적합하다는 결론을 내렸습니다. 이러한 검토와 논의 과정도 광명시의 중요한 노력으로 꼽을 수 있겠지요. 또한 광명시는 공동대책위원회를 결성해 시와 정치인, 시민, 시민단체가 모두 함께 목소리를 내고 협력할 수 있도록 했습니다.

공동대책위원회는 차량기지 이전 백지화를 위한 핵심 활동에 중심이 됐고, 광명시는 이 활동을 전폭적으로 지원했습니다. 공동대책위원회 활동에 필요한 행정적 지원 자료 확보 홍보 등을 도왔죠. 다양한 이해관계자를 아우르고 연대를 통해 구조적 불합리성을 공론화한 점이 차량기지 이전 백지와 승리의 중요한 기반이 되지 않았나 생각합니다.

Q. 이번 백지와 과정에서 시민 참여가 큰 역할을 했습니다. 시장님께서는 시민 참여의 중요성을 어떻게 느끼셨는지요. 그리고 시민 참여가 지역 발전에 어떤 영향을 미친다고 생각하시는지 궁금합니다.

시민이 소속감을 갖고 살아가는 지역공동체는 지역 발전을 이끄는 원동력이 될 수 있다고 생각합니다. 한 지역에서 살아가면서 자신이 속한 지역의 정보나 시에서 추진하는 정책, 이웃에서 일어나는 일들에 관심을 가지는 시민이 많을수록 그 지역은 더 큰 성장과 변화를 이루어 낼 수 있습니다. 반면 시민들이 무관심하다면 지역은 쇠퇴하고 공동체로서의 역할도 이루게 되죠.

그동안 시민이 지역에 관심을 갖고 참여할 수 있도록 하는 환경을 조성하기 위해 꾸준히 노력해 왔습니다. 이번 차량기지 이전 백지와 활동 역시 그 노력의 연장선에 있다고 봅니다. 시민이 광명시에 관심을 갖고 적극적으로 목소리를 내주었기에 백지화라는 결실을 이룰 수 있었습니다.

특히 지방자치제도의 핵심은 시민의 알 권리를 보장하는 것이라고 믿고 있습니다. 어떤 사안이든 시민에게 균형 잡힌 정보를 제공해 스스로 판단하고 결정할 수 있게 해야 합니다. 정보가 충분히 제공되지 않은 상태에서 내려진 결정은 시민의 권리를 침해할 가능성이 큽니다. 모든 정보를 투명하게 공개하고 시민이 찬성과 반대를 자유롭게 논의할 수 있도록 하

18년 동안의 갈등,
시민과의
합의가 우선!

는 문화가 지방자치의 기본이 되어야 합니다.

시민 참여를 성공적으로 이끌어내기 위해서는 소통과 신뢰가 중요합니다. 행정은 시민이 시의 정책과 계획을 충분히 이해하고 공감할 수 있도록 노력해야 합니다. 시민의 의견을 경청하고 반대 의견이 있다면 다시 검토하면서 개선해 나가야 합니다. 차량기지 이전과 같은 문제에서도 이러한 원칙은 변함없어야 했고 그렇게 실천했습니다.

광명시에는 곧 3기 신도시가 들어서면서 약 6만 7,000세대가 새로 유입될 예정입니다. 이런 큰 변화 속에서 광명과 서울을 잇는 교통 정책 확충이 매우 중요한 과제인데, 이런 정책 역시 시민과의 공개적인 논의를 통해 진행해야 한다고 생각합니다. 이 과정에서 다수의 시민이 반대하는 정책이 있다면 다시 검토하는 것이 마땅하죠.

행정기관이 진실하게 일하는 모습을 보여주면서 충분한 소통을 통해 정당하게 힘을 행사해야 합니다. 행정기관과 시민단체, 전문가, 주민 등 다양한 사람이 함께 고민하고 토론과 협력을 통해 문제를 해결하다보면 건강한 지역공동체가 만들어지고 주민 의식도 한층 더 성장하게 되겠지요. 결국 지역공동체와 자치분권은 시민의 참여를 통해 완성됩니다. 행정기관이 시민의 목소리에 귀를 기울이고 시민이 자발적으로 참여할 수 있는 문화를 만들어 나간다면 진정한 성장과 변화를 이룰 수 있지 않을까 생각합니다.

Q. 시민과의 결속이 강화되면서 시에 대한 시민 인식이 어떻게 달라졌고 이러한 변화가 앞으로 시정을 운영하는 데 어떤 영향을 미칠 것으로 생각하시는지 말씀 부탁드립니다.

확실히 시민의 인식이 크게 달라졌음을 체감합니다. 처음에는 시민이 시정을 완전히 신뢰하지 않고 거리감을 가졌지만, 차량기지 이전 백지화 활동을 계기로 함께 머리를 맞대고 전략을 짜고 활동 방향을 고민하며 협력하는 과정에서 점차 마음을 열고 신뢰를 쌓을 수 있었습니다.

물론 저희도 시민 도움을 많이 받았습니다. 특히 이번 활동을 통해 느낀 것은 시민이 관심 있는 분야에 대해서는 행정기관보다 더 풍부하게 정보를 알고 있는 경우가 많더라는 점입니다. 차량기지 이전 백지화 활동에서도 시민이 먼저 KDI 타당성 조사 자료를 입수해 연구하고 분석한 끝에 잘못된 부분이나 부당한 내용을 밝혀내는 데 큰 역할을 했습니다. 충분한 근거를 바탕으로 타당성 재조사를 요구하고 감사청구를 할 수 있었던 것은 시민 덕분이라고 할 수 있죠.

시민의 열정과 정보력, 자료 분석, 정보 공유 등이 활발해 도움이 많이 됐습니다. 또 그 과정에서 광명시가 행정적으로 충분히 서포트하며 시민과 한 팀으로 움직이고자 노력했고, 신뢰와 협력을 쌓았기에 시너지 효과를 발휘할 수 있었던 것이라고 생각합니다. 행정기관이 시민과 함께하면 더 큰 성과를 낼 수 있다고 다시 한 번 확신하게 됐습니다.

요즘은 시민이 공무원을 바라보는 시각 자체가 달라진 것을 많이 느낍니다. 과거에는 공무원이 일방적으로 정책을 시행한다고 보았다면, 이제는 함께 지역 문제를 고민하고 해결해 나간다고 봐 주는 분위기가 느껴집니다. 지역 문제에 더욱 관심을 가지고 협력해 주시기도 하죠.

이런 변화가 광명시정 운영에도 큰 영향을 미칠 것으로 생각합니다. 저희는 시민의 의견과 참여를 더 적극적으로 반영해야 한다는 큰 책임감을 가지고, 앞으로도 시민과의 신뢰를 기반으로 투명하고 공정한 행정을 펼치며 함께 지역 발전을 이룰 계획입니다. 행정기관과 시민의 협력이 미래 광명시의 중요한 자산이 될 것이라 믿어 의심치 않습니다.

Q. 광명시민과 함께 이루고 싶은 광명시의 미래 비전과 목표에 대해서도 한 말씀 부탁드립니다.

'시민과 함께하면 절대 실패하지 않는다.' 저는 이 신념을 항상 가슴에 새기고 있습니다. 시민이 주권자로서 중심에 서고, 행정은 시민의 명령에 따라 움직이는 것이 지방자치의 기본이라고 저는 믿습니다. 제가 맡은 역할은 '제 생각을 일방적으로 관철하는 것이 아니라, 시대적이고 미래적인 가치를 바탕으로 시민과 함께 길을 만들어 가는 것'입니다.

공공의 이익을 위한 책임감을 잃는 순간 행정은 기득권자나 소수의 이익만을 위한 정책으로 흐를 위험이 있습니다. 저는 이러한 위험을 경계하고, 앞으로도 광명시민 모두가 더 행복하게 살아갈 수 있는 환경을 만들기 위해 시민 중심의 정책을 끊임없이 펼칠 계획입니다.

현재 광명시는 큰 변화와 성장을 앞두고 있습니다. 3기 신도시 개발과 신규 철도 노선 추진 등 다양한 개발 사업이 진행될 예정이죠. 하지만 여기서도 원칙 그대로, 시민의 목소리를 최우선으로 반영하며 100년 앞을 내다보는 정책을 추진해야 한다고 생각합니다. 개발은 단순히 도시의 외형을 변화시키는 데 그쳐서는 안 됩니다. 시민과의 협업을 바탕으로 문화·관광·교육·의료·환경 등 삶의 질을 실질적으로 향상시키는 인프라와 결합해 광명시를 진정한 '글로벌 문화 수도'로 발전시키는 것이 목표입니다.

저는 광명시가 대한민국을 대표하는 자족 경제도시로 자리 잡기를 꿈꾸고 있습니다. 광명시민이 자부심을 품고 살 수 있는 도시, 모든 세대가 행복하게 공존하며 지속 가능한 미래를 함께 설계해 나가는 도시를 만들고 싶습니다. 이를 위해 앞으로도 시민과 늘 소통하고, 협력하며 함께 고민하는 시정을 펼쳐 나가겠습니다.

유능한 도시,
회복력으로 미래를 여는 광명

존경하는 광명시민 여러분, 사랑하는 광명시 공직자 여러분.

2026년 새해가 밝았습니다.
올해는 붉은 말의 해, 병오년丙午年입니다. 붉은 말은 혼란을 뚫고 앞으로 나아가는 힘, 그리고 결단과 실행을 상징합니다.

새해에는 붉은 말의 기운으로 시민 한 분, 한 분의 일상에서 작지만 분명한 변화가 시작되고, 그 변화가 모여 삶이 한 걸음 더 나아가는 의미 있는 한 해가 되기를 바랍니다.

지난 몇 년간 우리는 끊임없는 위기의 시간을 지나왔습니다. 코로나19 팬데믹은 일상과 경제의 흐름을 한순간에 멈춰 세웠고, 불과 1년 전에는 헌정 질서를 흔드는 민주주의의 위기를 겪었습니다. 기후위기는 더욱 잦고

거세지고 있으며, 저성장과 인구소멸, 양극화는 더 이상 일시적 현상이
아닌 사회 구조 전반에 깊이 스며든 과제가 되었습니다.

그럼에도 우리는 멈추지 않았습니다.
대한민국은 여전히 세계 10위권의 경제력, 5위권의 국방력으로 국제사회
에서 분명한 위상을 지켜내고 있으며, 놀라운 속도로 민주주의를 회복해
냈습니다. 인공지능과 항공우주 등 전략산업을 중심으로 산업 경쟁력 또
한 새로운 가능성을 열어가고 있습니다.

대내외 불확실성이 완화되고 정책 효과가 더해지며 올해 1.8% 경제성장
이 예고되는 등 경제도 점진적인 회복 국면에 들어섰습니다.
위기를 견디고 다시 앞으로 나아갈 수 있었던 힘은 시민이 함께 만들어
온 결과였습니다. 그러나 반복되는 위기 속에서 이제는 분명해졌습니다.
지금까지의 방식, 성장만을 목표로 달려온 문법으로는 앞으로의 위기를
온전히 건너기 어렵다는 사실을 말입니다.

성과는 분명했지만, 그 이면의 현실은 냉정합니다. 2025년 기준 우리나라
의 합계출산율은 0.8명대로 OECD 국가 중 최하위 수준에 머물러 있고,
자살률 역시 OECD 회원국 평균의 2배가 넘습니다. 행복지수도 전 세계
58위로 뒷걸음질치며 성장이 곧 삶의 만족으로 이어지지 않았음을 보여
주고 있습니다.

지표로 드러나는 성과 뒤에는 치열한 경쟁 속에 서로를 경쟁자로만 바라

보며 고립되어 가는 개인의 현실이 놓여 있습니다.

바로 성장의 역설, 그 한가운데에 우리는 서 있습니다. 또한 더 어디까지 성장할 수 있는가를 묻는 시대를 지나, 어떤 방향으로 나아가야 하는지를 선택해야 하는 분기점에 도달해 있습니다.

이제는 속도와 성과를 넘어 서로에 대한 신뢰와 삶의 방향을 다시 묻는 보다 근본적인 질문에 답해야 할 시간입니다.

우리는 과연, 더 행복해졌는가? 그리고 이 질문 앞에서 광명은 새로운 미래를 선택해 왔습니다. 외형적인 성장보다 어떤 도시가 될 것인가를 먼저 물었고, 도시라는 공간 안에서 어떻게 함께 살아갈 것인가를 고민해 왔습니다.

그 물음에서 출발한 광명은 전 동 주민자치회를 가장 먼저 시행하며 시민이 시정의 주인이 되는 시민주권도시로 나아갔고, 함께 배우고 성장하는 평생학습도시를 실현해 왔습니다.

1만 6,000명의 시민이 참여한 기후의병은 7만 그루의 나무를 심은 것과 같은 변화를 만들며 시민 참여형 탄소중립도시의 길을 열었습니다.

전국 최초 2년 연속 대상을 수상한 자원순환, '2025년 사회적 경제 정책 평가' 대상을 수상한 사회연대경제는 미래세대까지 고려한 책임 있는 정책으로 전국 지방정부의 기준이 되고 있습니다.

정원 조성을 통해 2022년 이후 집 앞에는 정원 6,000평이 조성되어 자연을 함께 누리는 도시가 되었고, 최초 〈기본사회 조례〉를 제정하며 지방정부가 주도하는 기본사회의 기틀을 마련해 왔습니다.

물리적 규모나 단기 성과가 아닌 '사람'을 중심에 둔 선택으로 도시의 지속가능성을 키워왔고 시민의 삶을 단단하게 하며 공동체의 신뢰를 다시 세워 왔습니다.

광명은 그 연대와 신뢰의 힘으로 위기에도 흔들리지 않는 도시, 전국 회복력 1위 도시로 평가받으며 지금 시대가 요구하는 새로운 유능함을 증명해 왔습니다.

2026년에도 이 선택을 더욱 분명히 하며 새로운 도약의 길로 나아가겠습니다. 시대의 변화를 가장 먼저 읽고, 시민의 삶과 가장 가까운 곳에서 해답을 만들어 가겠습니다. 그리고 그 출발점은 더욱 안전한 도시로의 도약이 될 것입니다.

시민의 생명과 재산을 지켜내는 일은 지방정부의 가장 기본이자 무거운 책임입니다. 특히 대규모 재개발·재건축과 도시개발이 동시에 진행되는 광명에서 안전은 선택이 아닌 타협할 수 없는 최우선 과제입니다.

광명시는 신안산선 붕괴 사고와 관련해 신속한 피해 복구와 재발 방지를 위한 안전 대책, 실질적인 지원을 끝까지 관철시킬 것입니다.

국책사업이라 하더라도 지방정부의 감독과 현장 점검, 시민참여가 제도적으로 보장될 수 있도록 중앙정부에도 지속적으로 개선을 요구하겠습니다.

이와 함께 광명시가 발주하는 모든 공사장을 점검하고, 노동안전지킴이 등의 제도를 통해 건설 현장의 위험 요소를 상시 관리하겠습니다. 사고 이후 책임을 묻는 것이 아닌, 사고 이전에 대비하는 행정으로 광명의 안전 기준을 한 단계 끌어올리겠습니다.

사회·자연 재난에는 예방과 선제 대응만이 답입니다. 화재 예방 종합대책으로 예방과 재발 방지에 행정 역량을 집중하고 24시간 재난 대응체계를 가동해 계절별 위험에도 한 발 앞서 대응하겠습니다.

두 번째, 지속가능한 성장 기반을 더욱 단단하게 이어가겠습니다. 지속가능한 도시는 환경만 지키는 도시도, 경제만 키우는 도시도 아닙니다. 사람과 자연, 오늘의 시민과 내일의 시민이 함께 살아갈 수 있는 도시입니다.

탄소중립은 광명이 일찍부터 선택해 온 도시의 핵심 전략입니다. 지난해 공동주택 탄소중립 지원사업에 12개 아파트 단지가 참여해 220톤의 온실가스를 감축했고 전 부서가 참여한 150개 실천 과제로 2030년 온실가스 40% 감축 목표에도 차근히 다가가고 있습니다.

앞으로도 2035년 국가 목표에 맞춰 '광명시 탄소중립·녹색성장 기본계획'을 보완하고 실천과 점검을 통해 끝까지 책임 있게 이행하겠습니다.

재생에너지 전환도 속도를 높이겠습니다. 지난해 지방정부 최초로 시립 소하어린이집이 제로에너지건축물 플러스 등급 본 인증을 획득한 데 이어, 올해는 보건소와 장애인종합복지관을 그린 리모델링해 제로에너지건축물을 확대하겠습니다.

철산동 시민운동장·하안동 시민체육관·소하동 유수지 등 공공부지에 태양광 시설을 확대해 전환의 기반도 넓히겠습니다.

환경과 경제를 잇는 자원순환 체계도 한 단계 도약합니다. 광명시는 폐가전 제품 100% 자원화로 법령 개정까지 이끌어 냈습니다. 단독·연립주택 지역에도 공동주택과 동일한 생활폐기물 배출장을 확대 설치하고, 친환경 자원회수시설 공사를 시작해 자원순환을 도시 경쟁력으로 키워가며 지속해서 표준을 만들어 가겠습니다.

도시 곳곳의 녹색 공간도 더욱 확장됩니다. 도덕산·구름산·가학산·서독산 4개산은 산림형 시민정원으로 조성하고, 안양천 지방정원은 국가정원으로, 목감천은 시민이 즐기는 친수공간으로 발전해 갈 것입니다.

올해부터 대규모 공원이 본격적으로 선보입니다. 가학산 근린공원 내 수목원이 하반기 개장하고 소하문화공원, 영회원 수변공원은 공사를 시작해 시민이 사랑하는 대표 정원으로 완성해 가겠습니다.

지역경제는 회복을 넘어 구조적 성장으로 이끌겠습니다. 광명사랑화폐는 도입 이후 6년 만에 발행액이 31배 이상 성장했고, 지난해 민생회복 소비 쿠폰 집행 우수 지방정부로 선정되는 성과를 거뒀습니다.

올해도 5,000억 원 발행 규모를 유지하고, 가족 외식비 캐시백과 지류형 지역화폐 도입으로 지역 내 소비 순환을 강화하겠습니다.

공공일자리는 2025년 목표 대비 119%를 달성하며 최선의 복지를 실현하고 있습니다. 앞으로도 지역 수요에 맞는 일자리를 지속 발굴해 일자리의 안정성과 보람까지 충족해 갈 것입니다.

사회연대경제는 이윤을 넘어 사람과 관계, 지역의 지속가능성을 키우는 경제입니다. 그 핵심 거점이 될 사회적경제혁신센터가 하반기 문을 열어 사회적 경제 주체 간 협력으로 혁신을 창출해 가길 기대합니다.

'굿모닝 광명' 로컬 브랜드 육성, 지역공동체 자산화 국제포럼, 공공조달 확대로 지역 공동체 자산화 사업의 토대를 넓히고 기본 조례 제정과 지역 금융 기반을 마련해 도시형 지역자산화 모델을 단계적으로 형성해 갈 것입니다.

세 번째, 권리로서 기본이 지켜지는 도시로 도약하겠습니다. 기본사회는 어려울 때 돕는 복지가 아니라 시민 누구나 자신의 삶을 스스로 설계할 수 있도록 받쳐주는 사회적 토대입니다.

그 출발은 시민주권입니다. 지난해 12월, 주민이 직접 광명6동장을 선출한 동장 공모제는 주민자치권을 제도적으로 확장한 첫걸음이었습니다. 적용 범위를 단계적으로 넓히고 8회에 걸쳐 진행된 500인 시민원탁회의도 강화해 시민의 결정 권한이 실질적으로 확대되는 진정한 시민주권을 완성해 가겠습니다.

도시는 시민 공동체가 살아가는 공간입니다. 광명의 도시회복력 기반은 바로 시민 공동체입니다. 생활문화복합센터를 중심으로 소통 공간을 확장하고 공동주택 공동체, 마을자치 활성화 사업으로 함께 의지하며 성장하는 공동체를 키워갈 것입니다.

통합돌봄은 기본사회의 핵심 축입니다. 광명시는 전국 최초로 〈돌봄 통합지원 조례〉를 제정하고 전담 조직을 신설해 제도적 기반을 마련했습니다. 올해 3월부터 보건소와 19개 동, 국민건강보험공단 광명지사 등과 함께 지역 중심 통합돌봄을 본격 가동합니다.

의무 방문제와 기능회복 프로그램, 재택의료센터로 시민이 살던 곳에서 존엄한 삶을 이어갈 수 있도록 하겠습니다.

어르신 정책 역시 존엄의 관점에서 설계하겠습니다. 인생플러스센터 모델을 확장한 광명시니어행복센터 건립을 추진해 일자리를 체계적으로 관리하고, 평생학습, 독거 어르신 제철과일 지원, 스마트 경로당으로 사회적 관계와 역할이 이어지는 노년의 삶을 뒷받침하겠습니다.

주거는 기본사회가 지속되는 기반입니다. 광명소하지구 청년특화공공임대주택 준공으로 152세대의 새 보금자리가 마련됐습니다. 주거 취약계층을 위한 주택을 꾸준히 늘리고 주거복지센터를 중심으로 주거 안전망을 더욱 탄탄히 해 주거 불안이 삶을 흔들지 않도록 하겠습니다.

마지막으로, 장기적인 비전으로 준비해 온 미래를 완성해 가겠습니다. 지금의 광명은 오랜 시간 축적해 온 변화가 하나씩 성과로 이어지는 전환점에 서 있습니다. 도시의 기초를 다져온 단계를 지나, 이제는 흔들림 없는 방향 속에서 완성도를 높여야 할 시기입니다.

미래의 광명은 규모만 키운 도시가 아니라, 산업과 일자리, 주거와 문화, 사람의 삶이 유기적으로 연결되는 균형 잡힌 도시입니다.
준비된 도시답게 차분하고 분명하게 완성해 가겠습니다.

먼저, 미래 산업의 토대를 확실히 다지겠습니다. 올해 분양을 시작하는 광명시흥 테크노밸리 도시첨단산업단지를 중심으로 첨단모빌리티, 첨단제조업 등 신성장 산업이 뿌리내릴 수 있도록 투자유치 전략을 집중하고, 소부장 특화단지 조성과 경제자유구역 지정에도 지속적으로 도전하겠습니다.

'기업 온ON 광명'은 주진 것해 '경기노 기업 SOS 대싱 평가' 우수상을 수상하며 가능성을 입증했습니다. 앞으로도 기업의 어려움에 신속히 대응하고, 맞춤형 컨설팅, 지원을 강화해 함께 성장하는 산업 생태계를 조성해 가겠습니다.

문화산업은 광명의 또 다른 성장 축입니다. 그 출발점이 될 K-아레나는 4만 석 규모의 공연·콘텐츠·상업·편의시설이 결합된 복합 엔터테인먼트 공간으로 조성할 것입니다. 수도권 서남부 문화 경제의 거점으로 자리매김할 수 있도록 국가 공모에 전략적으로 대응해 새로운 성장 경로를 열어가겠습니다.

도시 외형을 바꾸는 개발과 삶의 밀도를 높이는 생활SOC는 차질 없이 진행되고 있습니다.

광명하안2 공공주택지구와 구름산지구 도시개발 사업은 부지 조성 등 계획대로 추진되고 있으며, 광명시흥 3기 신도시의 정당한 보상도 신속히 이루어 내겠습니다. 재개발·재건축 사업은 속도를 내지만, 주민의 권리와 인권이 우선이라는 원칙을 분명히 하겠습니다.

광명경륜장 다목적체육관, 국립소방박물관, 광명3동 공공도서관, 여성소통문화공간 등 다양한 문화·체육·도서관·커뮤니티 시설이 문을 열어 시민이 머무르고 관계가 이어지며 도시의 풍경을 변화시키길 기대합니다.

도시가 성장할수록 연결의 완성도는 더욱 중요해집니다. 신천하안신림선은 민간투자사업 병행 검토로 신설을 위한 가장 빠른 방법을 찾고, GTX-D·G 노선과 함께 제5차 국가철도망 구축계획에 반영되도록 전략적으로 접근하겠습니다.

광명시흥선, 신안산선, 월곶판교선, 수색~광명 고속철도 등 주요 철도망
도 차질 없이 추진해 광역접근성을 지속해서 높여 가겠습니다. 아울러 도
시개발로 급격히 늘어난 통행량에 대응해 철산로·범안로·디지털로·서해
안로 등 서울 방면 4개 주요 도로를 개선하고 버스 증차와 노선 개편, 공
공버스 도입으로 출퇴근 시간대 교통 혼잡을 해소해 가겠습니다.

올 하반기부터는 철산역에서 광명동굴까지 12km 구간에 자율주행 셔틀
버스를 운영합니다. 미래 모빌리티 도시로서 교통 변화에도 선제적으로
대응할 것입니다.

미래를 여는 가장 확실한 투자는 사람에 대한 투자입니다. 광명자치대학,
민주시민교육 등으로 아이부터 어른까지 생애 전반에 걸쳐 배우고 성장
할 수 있는 학습 기반을 더욱 강화하겠습니다.

올해 철거가 시작되는 하안동 국유지 K-혁신타운은 일자리·주거·휴식이
어우러진 청년 복합 공간으로 신속히 완성하고, 창업 아이디어 발굴부터
투자유치와 경영지원까지 이어 도전과 재도전이 가능한 도시로 한 단계
더 나아가겠습니다.

앞으로 펼쳐질 이 모든 미래는 평화 위에서 완성됩니다. 평화는 거창한
이상이 아니라 시민의 일상을 지키고 도시의 지속가능성을 지켜내는 조

건입니다.

광명은 교류와 협력을 통해 갈등을 줄이고 신뢰를 쌓으며 한반도 평화를 잇는 도시로서의 역할을 묵묵히 이어가겠습니다.

사랑하고 존경하는 광명시민 여러분, 그리고 공직자 여러분.

지난 8년 우리가 만들어 온 광명은 혼자가 아니라 함께 견디고, 각자가 아니라 공동체로 회복하며, 가능성을 키워가는 도시였습니다.

우리가 지향해 온 성장은 서로를 놓치지 않는 성장, 개인의 분투가 아니라 공동체의 힘으로 완성되는 성장이었습니다.

2026년에도 광명에서 살아간다는 것은 적어도 혼자가 아니라는 믿음을 주는 도시로, 서로에게 힘이 되는 시민 공동체와 그 공동체를 지켜내는 시정으로, 흔들림 없이 나아갑시다.

함께이기에 버틸 수 있었고, 함께이기에 성장할 수 있었던 도시. 그 이름이 바로, 광명입니다.

새해 복 많이 받으십시오. 고맙습니다.

2026. 1. 1.

광명시장 박승원